Gringoland

AU DIABLE VAUVERT

Julien Blanc-Gras

Gringoland

Au diable vauvert
La Laune 30600 Vauvert
www.audiable.com
contact@audiable.com

Catalogue disponible sur demande

« Beaucoup est vérité et beaucoup est mensonge, cela s'est produit tout en n'ayant pas eu lieu, en ce temps-là on avait faim tout en étant rassasié, donc il était une fois... »

Conte traditionnel kirghiz

« Tout bien considéré, il n'y a que deux sortes
d'hommes dans ce monde :
ceux qui restent chez eux et les autres. »
Rudyard Kipling

J'étais fatigué de m'agiter dehors, cet endroit plein de cons qui ne vous veulent pas *forcément du bien. J'étais donc retranché chez moi avec Charlotte, fermement décidé à être aussi contre-productif que possible. Le monde du travail, je connaissais. J'avais pas d'a priori idéologiques. Plutôt des contre-indications existentielles, de l'ordre de la flemme. Sacrifier sa vie au stress et à la mesquinerie me semblait être un effort déraisonnable dans la mesure où je n'étais pas certain d'atteindre l'âge de la retraite. Je me vautrais donc dans la paresse par vocation, comme d'autres s'oublient dans le tra-*

vail. Une forme de lâcheté enrobée d'alibis philosophiques.

Mon activité sociale était limitée au strict nécessaire : aller faire les courses à l'épicerie et régler des paperasses pour les allocs. Je me contentais de pas grand-chose. Je n'avais rien. Pas de meuble, juste un sofa et une parabole. C'était suffisant.

Je passais ma vie devant la télévision. Idéal pour éviter de s'ennuyer. Pas fatigant. J'avais depuis longtemps constaté qu'on pouvait survivre avec la télé comme seule compagnie. C'est un monde en soi, existant par lui-même, très distrayant. Je regardais tout. J'avais la culture mondiale à portée de télécommande. Je pouvais apprécier la diversité de la cuisine traditionnelle moldave ou me tenir au courant des derniers tubes pakistanais. Car tout ermite que j'étais, je restais connecté à la marche du monde extérieur. Il s'en passait des pas belles. Le monde partait en brioche et les gens avaient peur. La vision de la souffrance universelle faisait du dégât dans les salons à l'heure du repas. L'ironie, le détachement et quelques autres ruses de Sioux me permettaient de ne pas céder à la colère devant l'absurde.

Je me laissais réconforter de bonne grâce par certains jeux, notamment Des chiffres et des lettres, *à l'heure du goûter. Voilà une émission qui conservait son intégrité au fil des décennies dans un monde changeant et troublé. La gymnastique mentale imposée par le concept du jeu pouvait même passer pour de la subversion dans l'abrutissement général qui régissait le monde cathodique. Mais l'abrutissement ne me gênait pas. J'étais consentant. Les variétés étaient en général correctement ficelées et le temps passait bien entre deux vannes éculées et un playback de lolitas se trémoussant sur de la daube. Il y avait bien quelques émissions où l'on cause, mais je ne tenais pas particulièrement à devenir intelligent. À quoi bon ? Tout allait bien. J'étais démiurge en mon studio, armé d'une télécommande qui faisait de moi le maître du seul univers palpable dans mes 17 m² (je n'ai pas de fenêtres) : cent vingt-quatre chaînes. Clairement, il ne pouvait rien m'arriver.*

Non, je n'étais vraiment pas à plaindre. Je m'endormais régulièrement satisfait devant les ballets russes ou quelque Thema *sur les îles du Pacifique. Tous mes besoins vitaux étaient comblés. J'avais même l'impression d'exister quand tous ces nazes venaient se ridiculiser de plein gré à raconter leur intimité sous prétexte qu'ils étaient chauffeurs routiers, starlettes ou unijambistes. J'étais leur confident. Je rigolais de bon cœur devant certaines émissions dites de télé-réalité. Ce terme me convenait dans la mesure où ces programmes mettaient en scène le mensonge et que le mensonge était le moteur, la norme et donc la réalité de nos sociétés. On avait tranquillement intégré l'humiliation comme ressort dramatique du troisième millénaire. Ça me permettait de me fendre la gueule en regardant des ingénieurs contraints de manger des testicules de mouton, ou des bouchères d'une tonne se pointer devant un jury sadique l'espoir au ventre pour bégayer du Lara Fabian avant de partir en pleurant.*

Sur le plan hormonal, je me soulageais de mes trop-pleins grâce à XXL, ou sur le maquillage de Morgane dans Amour, gloire et beauté. *Mais mes véritables jouissances, je les obtenais devant Planète ou National Geographic Channel. Des cameramen intrépides m'emmenaient à la découverte de contrées lointaines où les lamantins batifolaient peinards, où la nature exsudait une beauté et une cruauté éternelles bien éloignées du monde que je fuyais. La vie urbaine occidentale, avec ses codes sociaux alambiqués, avait réussi à transposer les lois de la nature à un environnement post-moderne. Ne parlait-on pas de jungle urbaine ? La cruauté avait bien survécu. Mais la grâce du béton ne m'était jamais parvenue et le concert des klaxons arrivait difficilement à m'émouvoir comme les premiers pas d'un bébé antilope.*

C'est ainsi que Charlotte remplissait avec ferveur mon besoin d'humanité, du moins au début. On s'était connus par hasard et par l'intermédiaire d'un ami qui voulait s'en séparer. Au premier regard, je l'avais prise pour un caniche. Je n'y connaissais rien, j'avais toujours trouvé un peu con d'avoir des animaux de compagnie. Ça trahissait une carence affective ou un besoin de domination non satisfait au contact des hommes. J'avais alors réalisé que c'était exactement ma situation et j'avais adopté Charlotte qui s'est avérée être un berger des Pyrénées. Soit une sorte de serpillière exagérément affectueuse, au regard perdu entre les poils. Un clébard inutile, peureux, assisté, mais sympa. On avait des points communs. Nos relations étaient saines, de type compassionnel. Nous vibrions et déprimions ensemble. C'était un bon chien.

Charlotte partageait mon engouement pour la télévision. Nous passions un temps fou à zapper tous les deux, avachis dans le sofa. Elle approuvait ou désapprouvait les programmes par différents grognements que j'avais assimilés. On se comprenait bien. Son émission préférée, c'était 30 millions d'amis. *Je sacrifiais parfois* Des chiffres et des lettres *pour lui permettre d'aller renifler derrière l'écran quand Mabrouk apparaissait.*

On a passé pas mal de temps comme ça. Je regardais l'Occident s'écrouler en douceur, d'une chute amortie par les paillettes. Du pain et des jeux, en triple ration pour tout le monde solvable. Ça me convenait d'être où j'étais. Reclus, je ne risquais pas grand-chose. Et en ne faisant rien, je ne faisais rien de mal. J'espérais de la sorte ne pas contribuer au chaos ambiant.

C'est Charlotte qui m'a donné les premiers signes d'inquiétude. Je l'ai retrouvée un soir, affalée devant la Starac', *complètement défoncée. Elle avait fini tous les mégots de tarpouf, l'œil vitreux.*

Elle essayait d'accompagner de ses gémissements un karaoké de Claude François. C'était moche. Je l'ai bien observée dans les jours qui ont suivi. Elle avait le poil un peu terne.

Elle ne manifestait plus aucun intérêt pour les émissions animalières. Elle faisait la sieste à l'heure de 30 millions d'amis. *Au début, j'attribuais ça à un mid-life crisis ou à la solitude. Je culpabilisais. J'ai dégoté l'intégrale de* Rintintin *dans un vidéo-club : elle a à peine jeté un œil. Ce chien était neurasthénique.*

J'étais moi-même en train de m'étioler. À force de mater des trucs de vieux, mon métabolisme avait fini par se ralentir. Les jours low-fi, j'enchaînais Derrick *et Laurent Romejko, un cocktail explosif qui avait déjà fait des victimes dans plusieurs maisons de retraite. Pour être honnête, ça n'allait plus du tout. Depuis plusieurs mois, dans* Amour, gloire et beauté, *Morgane refusait d'avouer le nom du père de son enfant. Le suspense avait fini par me lasser.*

Je bloquais parfois des journées entières sur la mosaïque. Seize petits bouts de fenêtres sans son. Luchini et Zidane en simultané. Des surfeurs sautent des barres rocheuses dans les homards de Maïté. Il fait 28 degrés à Tunis, Porte de Bagnolet fluide. Le nouveau Phil Collins est « enfin » disponible, un homme vient de tuer sa mère. Impossible de faire un choix. Trop de choses m'ar-

rivent en même temps. Qui peut comprendre ça ?

Je me noyais dans le flot, emporté par le tourbillon des informations permanentes et finalement sans objet. Je dormais devant mon écran le plus clair de mon temps. Un sommeil entrecoupé de jingles pub et de rêves étranges. J'assistai à une grande partouze réunissant des top models de toutes les couleurs, des nains, des envoyés spéciaux et des cruciverbistes. Méga-bandant, pas le droit de toucher. J'étais seize personnes en train de faire des tas de choses différentes et un œil mécanique me regardait distraitement. J'avais peur de me réveiller transformé en lofteur. Je me levais à peine assez tôt pour pouvoir regarder Des chiffres et des lettres. *Mes résultats baissaient. Je faisais rarement mieux que six lettres (comme iguane). Je n'avais pas trouvé un compte est bon depuis des lustres. Je dormais trop, j'étais tout le temps fatigué. J'avais perdu toute notion du jour et de la nuit. La petite épicerie du coin n'était pas ouverte pendant mes heures d'éveil. Il restait un pot de mayonnaise dans le frigo.*

Vers février, je fus pris d'une faim abominable. Une véritable envie de quelque chose, urgente et irrépressible. Ça ne m'était pas arrivé depuis des mois. J'ai couru dehors. La première vision fut l'arche d'un McDonald's. Je me suis enfilé quatre Big bacon en neuf minutes. J'étais repu, plein comme un œuf, malade. Je n'avais pas fait attention à l'odeur en rentrant. Ça sentait le graillon, l'adolescent et la frustration. Je rentrai chez moi en titubant.

La télé était allumée sur Qui veut gagner des millions ? *Jean-Pierre Foucault demandait à Jacqueline, ouvrière à Valenciennes, le nom du point culminant de la planète.*

Charlotte n'était pas là. Je l'ai trouvée dans la salle de bain, agonisante. Elle avait avalé la quasi-totalité d'une boîte de somnifères. Je l'ai prise dans mes bras, affolé. Son regard déjà un peu éteint me disait :

— Pardon, mais tu n'as pas su réagir quand il était encore temps. Ça ne sert à rien de vivre dans ce monde-là. Je ne pouvais plus.

Elle est morte au moment où Jacqueline gagnait une cuisine Mondial Kit.

Clint Eastwood l'a dit avant moi : le monde est divisé en deux catégories. Ceux qui passent à la télé et ceux qui regardent la télé. Le monde visible et le monde visé, qui est invisible. Le monde visible est fluctuant. Une armée de caméras déplace son point de vue, quadrille la planète et impose une réalité parallèle mais commune, subie par les habitants du monde visé, c'est-à-dire les gens. À ma connaissance, ces derniers n'existent pas. Sinon on les verrait. Ça m'embêtait quand même un peu, cette idée. Je n'étais jamais passé à la télé. Des milliards de gens devaient donc s'imaginer que je n'existais pas. Eux non plus, en même temps. C'est perturbant. La planète mentale rétrécit en élargissant le champ de vision des hommes. On se regarde dans le blanc des yeux et on ne se voit pas forcément mieux.

« Une grande déstabilisation est à l'œuvre », pérorai-je, en regardant Nicolas Hulot remonter vers les sources du Gange. Un habitant de Bénarès commentait les effets du 11 septembre en se brossant les dents dans le fleuve sacré charriant des cadavres. Ça a l'air magnifique, l'Inde. Une civilisation millénaire, incompréhensible, avec ces crève-la-faim qui cajolent des vaches bien portantes. Un éclair de lucidité me sauta à la gorge. J'étais triste, pâle, je m'emmerdais comme un rat mort. J'avais le cadavre d'un chien sur la conscience et dans ma salle de bain. Charlotte avait raison. On ne peut pas passer sa vie à ricaner de loin. Ma retraite cathodique était un échec. La télé ne rend pas seulement con, elle rend surtout malheureux. J'en suis venu à penser que les derniers hommes étaient ceux qui se passaient de télévision. Je suis monté au premier étage de la tour Eiffel et j'ai balancé mon Philips coin carré. Deux secondes de vol, un petit crash. Les employés de TDF travaillant dans l'abri anti-atomique situé sous la tour n'ont rien entendu.

Il fallait maintenant que je me repositionne face à l'existence. On ne peut pas vivre sans le concours d'autres êtres humains. Le monde est vaste et accessible. Il faut que je vérifie que tout ceci n'est pas une illusion. Il faut que j'aille voir ailleurs comment les gens vivent. Il faut que j'aille en Inde. Ou ailleurs.

« I was alone, I took a ride,
I didn't know what I would find there. »
Lennon/Mc Cartney

J'ai vendu mon sofa et j'ai acheté un billet d'avion. J'ai dormi deux heures. Je me suis réveillé comme un seul homme pour ne pas rater mon vol. Ça me faisait bien peur de rater mon avion, plus que de le voir s'écraser sur une tour. Question de probabilité.

Je déteste les aéroports. Envahis par les marques jusqu'au moindre pixel, peuplés de businessmen propres qui font tourner la machine, de beaufs qui cherchent leur chemin, de vieux Américains qui sont chez eux et de jeunes cons qui s'habillent pour prendre l'avion comme s'ils allaient aux Oscars. Tout le confort moderne, aseptisé et caricatural. Des enseignes de luxe à portée de main entre deux correspondances. De quoi consommer pour ne pas paniquer. Tout est bien.

J'adore les avions. On est moins bien installé, c'est vrai. Mais on vole et il ne faut pas oublier qu'on peut faire la course avec le soleil. Les voyages ont cela de rigolo qu'ils permettent d'être partout à la fois. Là, je suis nulle part entre l'Islande et le Sri Lanka, à 10 000 mètres d'altitude et 900 km/h. J'ai douze chaînes sur mon écran. Je somnole devant *Shrek* (marrant) et *Tomb Raider* (beaux tétés).

Ma voisine de fauteuil est une jeune Canadienne avec une tête d'Anglaise. Elle ose à peine me dire qu'elle est employée chez Microsoft :

— Je travaille pour Satan, me glisse-t-elle avec un clin d'œil et un accent à reconduire Céline Dion à la frontière.

Elle a passé deux semaines en Espagne, où elle n'a rien trouvé de mieux à faire que « du shopping ». Elle dit qu'elle est contente mais aussi qu'elle est contente de rentrer parce que « deux semaines toute seule, c'est long ».

Comme elle me saoulait, je me suis reconcentré sur mon écran. Un Jean Claude Van Damme plus aware que jamais devait éclater pas mal de tronches pour venger un ami lâchement assassiné par un cartel mafieux. J'engageai la conversation avec mon autre voisin, qui s'avéra être un Argentin plein d'attentions.

— C'est très dangereux notre ville d'arrivée, beaucoup de violence. Il ne faut jamais se promener seul, me prévint-il.

— Les gens disent ça dans toutes les villes du monde, non ?

— Peut-être, mais là-bas c'est pire.

Jean-Claude Van Damme était dans une sale passe. Blessé, il était entouré par une dizaine de types patibulaires armés de gourdins et de couteaux qui souhaitaient clairement le finir. Cela dit, je ne m'inquiétais pas beaucoup pour lui. J'observai avec quelle maestria Jean-Claude s'en sortait en essayant de noter quelques feintes de corps et autres coups tordus utiles pour se débarrasser de quelqu'un qui en veut à votre vie.

J'ai fermé les yeux et Lara Croft est venue me supplier de la sodomiser, vigoureusement de préférence. Je me suis vu dans l'obligation de décliner l'offre de la cyber-gourgandine. J'ai une mission à accomplir, je ne peux pas me permettre de me disperser. Je caressai donc la joue de la bougresse dévastée par mon refus et me réveillai avec une solide érection. Mes voisins m'ont regardé d'un œil inquiet, il se peut que j'aie hurlé des insanités pendant mon sommeil.

Le pilote a atterri comme un chef. Sur le bitume devant l'aéroport, j'avais un numéro de téléphone et un billet retour pour l'Europe. Je me suis jeté dans un bus en direction du centre-ville. Étourdi par le jetlag et un exotisme embryonnaire, je m'affalai sur le premier siège. Il faisait nuit derrière la vitre. J'y étais sur mon autre continent.

Maintenant que je suis arrivé quelque part, je peux me poser la question : pourquoi le Mexique?

C'est tellement grand qu'on ne sait pas par où commencer. C'est pas une ville, c'est un monstre. Mexico déborde de partout. Mexico dévore le Mexique, Gargantua fait ville. L'agglomération empiète sur les États voisins, sa croissance l'étouffe. Chaque jour, des milliers de personnes affluent au distrito federal. Ils arrivent de tout le pays parce que ça brille de loin. La population a triplé en vingt ans, paraît-il. Mais de toute évidence, c'est impossible à chiffrer, une machine pareille.

La première chose à faire, c'est prendre de la hauteur. Du haut de la torre latino-americana, on est largement au-dessus du niveau de la mer et le monde est une ville aux contours impossibles noyés sous la pollution.

Des centaines de milliers de personnes sont nées ici et n'ont jamais dépassé cet horizon physique. Une armée de coccinelles Volkswagen alimente en globules verts et blancs les artères de la bête dont le sang bout en permanence. Mexico ne s'arrête jamais. Mexico est un chaos, un chaos qui fonctionne, quelque part dans l'inachevé.

Je suis une minuscule cellule, un corps étranger. Ça me convient. Je suis seul dans la plus grande ville du monde avec rien à faire. 2422 mètres d'altitude, zéro pression. Je ne connais rien et j'ai tout à découvrir. Maintenant il faut plonger.

Je découvre :

La plus grande place d'Amérique latine, le Zocalo, construite sur les ruines d'un temple aztèque. Des fusils-mitrailleurs qui gardent les boulangeries. Des vendeurs de tacos dans les gaz d'échappement. Des costards cravates sur des embonpoints gominés. Des militaires qui fument en faisant des bras de fer à l'entrée du palais présidentiel. Des mamies qui lisent des BD érotiques sur les bancs publics. Des odeurs chaudes qui donnent envie d'arrêter de fumer. Des dégradés de couleur sur la gueule des gens, du rare blanc laiteux à l'ocre vif. Le clochard avec les plus gros sourcils du monde assis dans un fauteuil club au milieu de la circulation. Un groupe de funk qui chante que Jésus est vivant. Des enfants qui dorment au bord de l'autoroute. Des ruines qui côtoient les tours de verre.

Des bidonvilles en construction permanente sur des dizaines de kilomètres. Des nounours peints sur les murs, assourdis par le vacarme de la respiration coordonnée de vingt-cinq millions de personnes.

Une ville bandante à visiter, impossible à habiter.

Je me promène depuis plusieurs jours sur le marché qui part du Zocalo et s'enfonce dans des ruelles qui vont sûrement jusqu'au Brésil. Une ville dans la ville. Les puces de Saint-Ouen au soleil. Des étals par milliers qui vendent à peu près tout, et surtout n'importe quoi. Beaucoup de vêtements, des piles, des tournevis, des jouets, des lotions contre le mal de dos. Des livres. *Guide de l'épanouissement sexuel dans le couple, Tous les secrets du tarot, Mein Kampf.* Des stands de musique proposent tous les disques, gravés pour dix pesos. Je fais une bonne razzia, incluant un « mejor de » Vicente Fernandez, le roi des mariachis. Des vendeurs perchés aux réverbères et dotés de mégaphones hurlent toute la journée leur même mélodie traînante : « cinco pesos, le vale », en glissando do-mi-do-sol.

Je longe une rue où on ne vend que des chaussures sur des kilomètres, ce qui laisse supposer que les Mexicains ont beaucoup de pieds. Puis une autre où on trouve des robes de mariée et pas autre chose. Des centaines de magasins collés les uns contre les autres, qui proposent tous la même chose au même prix. Je vais acheter des clopes à la pharmacie en me disant que je peux rester très longtemps dans ce pays avant de comprendre quoi que ce soit.

J'avais utilisé ce numéro de téléphone. Nous roulions au pas sur l'avenida Insurgentes, une autoroute transperçant Mexico de part en part, sur quelque chose comme soixante kilomètres. La circulation était évidemment démentielle. Des moustachus à casquettes installés sur la chaussée avec des tables vendaient des journaux, des chewing-gums et des boissons. Leur peau était couleur Co_2 et ils devaient avoir des bronches Germinal. Rafael prit deux cocas et tendit huit pesos sans regarder la main qui les acceptait. Je squattais depuis quelques jours chez lui, dans les beaux quartiers de San Angel. Trotski avait été assassiné à quelques kilomètres, mais c'était il y a longtemps, le quartier était sûr.

Rafael était pété de thunes depuis plusieurs générations ce qui lui autorisait ces manières quasi aristocratiques, décontractées voire ennuyées. Il était content de me voir. On avait sympathisé en Europe où il vadrouillait en marge de ses études. Il me faisait visiter son monde avec enthousiasme. Il était assez grand pour un Mexicain, plutôt costaud avec des traits fins et une mâchoire carrée. Il avait mon âge et de vagues projets. Monter un journal. Il avait déjà le titre : *Oh yeah!* Ça sonnait bien.

Il m'expliquait qu'il n'avait pas le droit de prendre sa voiture aujourd'hui, la circulation étant alternée en fonction du numéro des plaques pour réduire la pollution. J'étais surpris d'apprendre l'existence d'un code de la route dans cette ville. J'avais remarqué que les composantes essentielles d'un véhicule étaient le klaxon et l'icône religieuse, qui n'empêchaient pas les massacres routiers à grande échelle. En cas de contrôle policier, qu'on soit en règle ou pas, il fallait toujours avoir de la monnaie sur soi, car les flics sont mal payés. C'est dans les mœurs.

Rafael quitta Insurgentes pour s'engager sur une bretelle. Ça devenait bidonville, seules les églises brisaient l'homogénéité des innombrables petites constructions carrées. Fractales de la misère, sans l'eau courante.

— Ferme ta porte à clé. C'est zone de kidnapping express par ici.

— C'est joli comme expression. Ça consiste en quoi ?

— On te braque dans ta voiture, on t'enlève et on envoie un de tes doigts à ta famille avec une demande de rançon.

— Sympa.

— Tu viens faire quoi ici exactement ?

— Du tourisme, je crois.

— Ça va te plaire. C'est un grand pays le Mexique. Il y a des milliers de choses à faire, si tu as du temps.

— C'est la seule chose que j'ai, en fait.

— Je sais par quoi on va commencer.

Ça avait lieu dans le même quartier que celui de Rafael, vers Coyoacan. Un lotissement entouré d'un mur d'enceinte assez haut, au-dessus duquel se dressaient des barbelés infranchissables. Entrée gardée par une barrière et deux vigiles armés de riot-guns. Rafael donna le mot de passe avant de s'engouffrer dans la mini-ville parcourue d'avenues très bien entretenues.

La maîtresse de l'immense maison nous accueillit en robe du soir et nous pria de la suivre dans le parc où se tenait la fiesta. Une soixantaine de personnes, genre jeunesse dorée, plus quelques vieux. Un buffet pharaonique, des larbins en uniformes pour le service, un DJ. Les gens étaient beaucoup plus blancs que dans la rue. Ambiance cocktail, on discute en se trémoussant sans danser sur des variétés électroniques internationales. D'entrée de jeu, j'ai bu trop et trop vite.

Rafael m'a chaleureusement présenté à tout ce qui passait. Le fils de la maison venait d'être gradué (major : business) d'une université texane, le raout était en son honneur. Ils étaient sympas avec moi ces gens. J'étais bien accueilli. J'arrivais là, pouf, de la chair fraîche, un peu la mascotte, pas dangereux. Ils se connaissaient depuis toujours, ils étaient en groupes constitués, mêmes écoles, même destin : remplacer leurs parents et prendre les rênes du pays. Je me soignais à la tequila dans un souci d'intégration. En moins d'une demi-heure, le Mexique s'est mis à pivoter sur lui-même dans un labyrinthe sonore assez touffu et déconcertant.

Prends un stylo et aide-moi à raccorder les phrases à leur personnage.

a. Ma famille est originaire d'une ville française qui s'appelle Barcelonnette, tu connais ?

b. Je suis docteur, putain, et ma mère me dit toujours de bien me couvrir quand je sors.

c. Je fais du droit mais mon truc, c'est la peinture.

d. Quand je suis à Acapulco, je suis la femme la plus heureuse du monde.

e. C'est une merde le DJ. Enfin, c'est toujours mieux que les mariachis.

f. Il y a beaucoup de pauvreté au Mexique. Mais je ne vois pas pourquoi je culpabiliserais parce que je suis né du bon côté de la barrière.

g. Tu viens faire quoi au Mexique ?
h. Une autre tequila, monsieur ?

1. Une blonde avec des faux ongles et un vrai sac Prada.
2. La maîtresse de maison avec son chien dans les bras.
3. La rock star du coin.
4. Un petit gros plein de coke.
5. Rafael, en grande forme également.
6. Sa sœur, un peu allumeuse.
7. Un larbin excessivement poli.
8. Le diplômé.

Il y eut un frémissement. C'était le père du diplômé qui venait de rentrer du boulot ou de chez sa maîtresse. Petit, replet, en costume avec des bagouses et une grosse tchatche. Le mec avec une autorité naturelle, qui sait se rendre sympathique et indispensable. Consultant en ressources humaines ou quelque chose d'approchant. Mondanités à la j'embrasse tout le monde, les amis de mes enfants sont mes enfants. Il m'a un peu parlé du pays. J'étais nouveau dans la bande, il fallait qu'il me mette au jus.

Au début des années 1990, le Mexique avait traversé une grave crise financière, m'expliqua-t-il. Le pays était à genoux et le peso touchait le fond. En 1994, avec l'entrée en vigueur de l'Alena, le traité de libre-échange nord-américain, l'arrivée massive de capitaux US avait donné un coup de fouet, clac, à l'économie du pays. Le Mexique avait repris du poil de la bête, le pays s'était globalement enrichi. Une classe moyenne se développait. La démocratie aussi.

Il voulait que j'aie une bonne image de son pays. C'était bien naturel. Derrière son assurance, il devait vaguement envisager la possibilité de ma condescendance parce que je viens d'un pays qui a un siège permanent au conseil de sécurité de l'ONU. Je le rassurais à grands coups de mais bien sûr, je n'en doute pas. Mais j'étais saoul comme une vache et j'avais du mal à suivre.

Le Mexique est en train de redevenir une nation importante, continuait-il, dotée de structures capitalistes modernes, avec l'appui du grand frère yankee.

— Mais on dirait que c'est pas ton truc le business…

Il était malin le padre. Il m'avait démasqué. J'essayai de noyer le poisson pour être poli. J'étais pas en état de polémiquer.

— Bof, disons que je trouve ça chiant à mourir.

Je savais de quoi je parlais. J'avais fait des études dans ce domaine-là, je les avais même ratées. Et c'est vrai que j'étais plutôt du genre à constater que notre globo-capitalisme hardcore avait à peu près les mêmes effets partout. Les riches barbotaient dans leurs piscines toutes neuves pendant que les pauvres s'enfonçaient un peu plus dans la merde. J'étais en ce moment même dans un bain de tequila, ce qui renforçait mon argumentation.

La rançon de telles inégalités, c'était la peur. Une sensation très universelle et assez incontrôlable. J'étais pas tellement sûr qu'ils soient du bon côté de la barrière ces gens-là, parce qu'ils étaient derrière quand même. Dans une jolie prison dorée, verrouillée par la trouille.

— Mais le Mexique pour le moment, j'adore, concluais-je, pitoyable mais sincère, avant de m'éclipser.

Je suis allé faire un tour dans la maison à l'abri des conversations que je n'arrivais plus à suivre. Je me suis un peu perdu. C'était plein de miroirs et de moquettes épaisses. Le numéro de la police était accroché au-dessus du téléphone de la cuisine. Des jeunes gens bien habillés attendaient impatiemment leur tour pour les toilettes. D'autres jeunes gens bien habillés jouaient au billard et m'ont regardé bizarrement.

J'ai fouiné dans la bibliothèque parce que j'adore ça. Je suis tombé sur *El arte de la guerra.* Sun-Tzu, dans sa grande sagesse du VIe siècle avant J.-C., n'imaginait sûrement pas la portée de ses aphorismes sur les affaires du Mexique post-Hugo Sanchez. « Quand les arbres s'agitent, l'ennemi n'est pas loin. » J'ai jeté un coup d'œil par la fenêtre. Les arbres du jardin ne bronchaient pas. J'ai aperçu Rafael en train de rouler des pelles à ce que j'identifiais comme la blonde aux faux ongles. Il avait la bonne gueule Rafael, il avait dû se goinfrer la moitié du cheptel.

Je suis ressorti pour prendre l'air dans le parc. Un larbin m'avertit que j'étais en train d'allumer ma cigarette à l'envers. Je me suis encore perdu puis j'ai vomi sur un arbre précolombien devant témoins.

Au réveil, ma tête hurlait une douleur en forme de Luis Mariano. J'ai mis quelques instants à me rappeler que j'étais sous le 19e parallèle.

— Je peux faire le lit de monsieur ?

C'était la bonne de chez Rafael, une Indienne. J'avais pas traversé l'Atlantique pour qu'on me dorlote. Neuilly-sur-Rio-Grande, ça va bien cinq minutes. Il était temps d'aller prendre le grand air. De voler de mes propres ailes.

J'ai pris un bus Flecha Amarilla en direction de Puebla, une ville coloniale (mais toutes les villes sont coloniales), située à deux heures de Mexico. Les troupes de Napoléon III s'y étaient pris une vieille branlée en 1862 et les Mexicains en faisaient un jour férié le 5 mai. C'est très mignon Puebla, mais j'avais envie de voir la mer. J'ai mangé un taco et j'ai repris ma route.

Je me suis posé à côté du péage en tendant mon pouce avec un air sympa. J'ai dû attendre dans les quarante-cinq secondes avant de m'embarquer corps et biens à l'arrière d'un pick-up qui allait dans la bonne direction. Le stop marche très bien ici, c'est plein de camionnettes et de gens serviables.

Je me suis allongé sur mon sac et j'ai enlevé mes chaussures. Le soleil brillait, fort. À l'avant, une famille, parents jeunes, avec deux toutes petites filles qui me regardaient par la vitre. Quand je levais la tête pour les regarder, elles se cachaient sous le siège en pouffant. Le père roulait à 150 avec une bière à la main. Le paysage défilait trop vite pour que je puisse compter les cactus. Nous avions quitté les altitudes de Mexico et l'infinité de la plaine me promettait des lendemains qui baisent. J'avais la liberté de ne pas suivre mes propres plans, de laisser la route choisir une destination ou de bifurquer vers la gauche si je trouvais ça mignon.

Je laissais mes pensées vagabonder dans la poussière. Les particules du désert devaient être largement plus nombreuses que mes connexions neuronales potentielles. Elles s'assemblaient et disparaissaient au gré du vent. Du pur hasard qui formait parfois des ensembles cohérents comme ces mini-tornades qu'on voyait apparaître sans raison valable.

Nous roulions de plus en plus vite. Je me suis laissé tournoyer autour d'une théorie foireuse sur le mouvement qui invitait Einstein et Kerouac. Si un objet se déplace plus vite que la lumière, son temps interne s'inverse. Il rajeunit théoriquement, nous dit la physique. Considérons un être humain sur une route qui fera office d'accélérateur de particules. Par son mouvement perpétuel, il freine son vieillissement et retarde un peu l'échéance de sa mort, sauf dans ce virage. Si la matière peut être à la fois onde et corpuscule, on peut très bien gagner du temps et en perdre à la fois, même en allant beaucoup moins vite que la lumière.

On peut donc admettre l'existence d'une faille spatio-temporelle réservée aux branleurs itinérants. Une faille gorgée de musiques chaudes et de hasards adéquats, de seins lourds et tendus vers l'avenir.

C'est cool. Je commence à être bronzé. Je peux maintenant me demander ce que je fous là, sachant que j'ai abandonné depuis longtemps l'idée de donner un sens à ma vie, avec des objectifs, des échéances, tout ça. Ça marche rarement.

Je vais essayer de me contenter de vivre. L'existence, j'ai rien contre. Je compte bien la mener jusqu'à son terme. C'est pas simple, cela dit. Ça nécessite une certaine force, une volonté qu'il faut puiser en se mettant dans le sens du groove. L'univers est mouvement. À tout prendre, autant qu'il torde du cul.

« En tant que militant, vous arrive-t-il de vous immoler par le feu ? »
Antoine Malvaud

Mérida, un million et demi d'habitants et capitale du hamac, se porte bien. Une ville relativement prospère, pas spécialement touchée par les plaies habituelles du Sud. Ni pauvreté hurlante, ni américanisation à outrance. Quelques mendiants culs-de-jatte, des retraités new-yorkais égarés, mais rien d'envahissant. Cancun, paradis balnéaire gringo concentre la majorité du flux touristique du Yucatan, cette péninsule plate et sans cours d'eau.

Le soleil écrase Mérida et ses joyaux d'architecture coloniale bâtis sur T'ho, l'ancienne capitale maya. Les gens marchent au ralenti et les voitures foncent à toute allure, vitres ouvertes pour l'air. Les trottoirs sont glissants et étroits pour laisser de la place aux bâtiments. Le centre piéton grouille paisiblement.

Le Zocalo est juste magnifique, cerné d'édifices repeints la semaine dernière, dominé par une cathédrale massive. Son agencement est assez semblable aux autres places centrales des villes mexicaines, conçues suivant des plans d'urbanisme hispanisants, rationnels, carrés. Avec un indéfinissable petit plus d'harmonie dans l'air. Un drapeau mexicain flotte en son centre, relevé tous les soirs à 18 heures par un troupeau de militaires incapables de marcher au pas et de faire sonner leur biniou correctement.

Quand la chaleur se calme, que le ciel commence à rosoyer gentiment, j'aime à venir ici déguster une glace du Michoacán en regardant ce petit monde activé à ne plus rien faire après le travail. Les gamins promènent de gros ballons colorés. Les gens passent, avec des poussettes, des casquettes, des sandwiches. Ils s'assoient dans les causeuses publiques et se parlent. Des vieux discutent football, des mamans rideaux. C'est calme et bouillonnant, beau et suspendu. L'air est doux. Les couples s'embrassent tendrement. Nichés dans les jacarandas, les oiseaux sifflotent comme si c'était le printemps.

J'ai assez vite compris que le Zocalo de Mérida était le centre du monde. Pas un coup de génie architectural, juste une bulle de vie protégée des tempêtes et du temps.

Posé ici, mon regard embrasse les quatre points cardinaux. À l'ouest, un groupe de jeunes avec des percussions.

À l'est, trois muchachas impeccablement coiffées.

Un type fume une cigarette, le regard perdu vers le nord.

Au sud s'ouvre le boulevard qui mène à la gare routière.

Je me dirigeai vers l'ouest. Un man avec des locks et une barbichette jonglait avec quatre balles. Les autres faisaient de la musique en regardant passer les filles. Ils étaient cinq ou six en T-shirts colorés et cheveux longs. 18-25 ans avec des allées et venues.

Je saluai la troupe d'un hola bien cool en me posant sur la pelouse. On a rapidement sympathisé autour de Manu Chao, qui est au Mexique des années 00 ce que Dylan était aux USA des sixties. Certains d'entre eux ne voulaient pas croire qu'il était français. Ils étaient enthousiastes ces nouveaux camarades. On s'est naturellement lancés dans un bœuf qui se passait de commentaires, une session de percus assez prenante et relativement bien tolérée par les passants. Au bout de quelques roulements de darboukas, la nuit était tombée. Il était grand temps d'aller se bourrer la gueule.

Je me suis retrouvé chez eux à boire de la Pacifico, une bière légère brassée à Mazatlan sur la côte du Sinaloa. Ils habitaient vaguement tous ensemble, dans une maison indéchiffrable, construite autour d'un patio blanc-bleu. Beaucoup trop de couloirs, des chambres sans meubles, des plantes vertes, un bordel monstre. Des dizaines de maquettes d'avions en carton pendaient au plafond de la cuisine. Aux murs, les tableaux de Carlos le jongleur. C'était un peintre apparemment doué, porté sur les œuvres oniriques, profondes, naïves et colorées, à cheval sur les univers de Moebius et de Diego Riviera. En cours, un immense triptyque commandé par une galerie indépendante. Une princesse maya aux seins nus y fumait un gros cône en haut d'une pyramide surplombée par une autoroute.

C'était Arturo le plus bavard. Un gars tout long, avec des cheveux jusqu'au milieu du dos, un visage fin et des yeux perçants. Blanc. Il était salarié d'une ONG de terrain qui défendait la cause indigène. Travail de longue haleine parsemé de batailles judiciaires pour la restitution des terres et de tentatives de mise en place de structures économiques autonomes dans les communautés rurales. Arturo était l'intello de la bande. Son rayon à lui, c'était l'alphabétisation. Ça lui était venu au cours d'études de droit que son avocat corrompu de père lui imposait. Il avait rencontré une militante, acheté des sandales indiennes et l'intégrale du Che avant de rompre avec sa famille. Depuis, il était un peu le moteur de la petite communauté qui squattait ici. Vivre ensemble pour vivre mieux, il disait, soucieux d'être alternatif. Son gros kif : faire du pain en écoutant des vinyles sandinistes.

Il décréta qu'on allait se mettre sur le toit et j'ai compris que c'était dans tous les sens du terme. Il empoigna le pack de Pacifico et fila vers le colimaçon. C'est plat, un toit mexicain, avec vue sur le patio et les autres toits. Quelques chaises, une télévision, un ghetto-blaster et c'est habitable. Ça double la surface de la maison. Carlos appuya sur play. C'était du gangsta-rap de Monterrey, du pur hip-hop de méchants. Je jetai un œil sur la pochette du CD. Les paroles te promettaient la mort si tu les regardais mal. En tête de liste des remerciements, Dieu et la Vierge de Guadalupe, sainte patronne du Mexique. Des enceintes giclait une agressivité brute atomisée par la sensualité de l'espagnol. Elle est belle cette langue quand elle est maniée par les Mexicains. Les Espagnols la font claquer en zézayant avec des débits de mitrailleuse. Ici ça traîne, ils en font des vagues de syllabes indolentes. Un autre rythme, chaloupé.

Luis sortit un sachet et roula un pétard de motta sans tabac. Il expliqua que cette beuh poussait artisanalement à quelques kilomètres du village natal de Santana dans le Jalisco, ce qui doit être bon signe.

Luis était pédé comme peu de focs et vivait sur une planète indéterminée où les mauvaises vibrations n'existaient pas. Il était souvent parcouru de rires incontrôlés d'origine mystérieuse, se frottait le crâne en permanence et ne regardait jamais deux fois au même endroit. Une gueule bizarre pour tout dire, sans cheveux mais avec un nez déconcertant de platitude.

C'était un petit prodige de la vidéo, ce garçon. Plusieurs de ses courts-métrages avaient été primés dans différents festivals. On a regardé deux de ses films, sophistiqués et incompréhensibles. Montages épileptiques, scénarios automatiques. Des histoires de statues qui prennent vie et partent à la recherche de leur sculpteur.

— La vidéo c'est un prétexte, hein. Mon vrai métier, c'est poète.

Il disait ça sans se la péter. C'était sincèrement sa façon de se définir socialement.

— Et c'est quoi un poète ici ? Je demande parce que chez moi c'est démodé. Ça se fait plus trop.

— Le poète, c'est un scientifique de l'âme. Un imbécile qui essaye d'exprimer les mystères de l'existence.

Il eut un temps d'arrêt, se frotta frénétiquement le crâne et reprit :

— La matière de son travail, c'est l'expérimentation des attitudes et des états de conscience, en évitant de se répéter et surtout, en évitant de se répéter.

— C'est bancal comme posture.

— C'est même pas tenable. Ça se finit souvent très mal, en suicide ou à l'asile. Il y a un type chez vous qui a dit que la poésie est une religion sans espoir, non ?

Comme il m'avait lancé sur le sujet et que je n'avais rien à présenter, je griffonnai une petite improvisation alors qu'Arturo avait remonté de quoi pétrir :

« J'ai déjeuné sur l'herbe
Gardé les yeux mi-clos
En épousant l'éclair
J'étais Greta Garbo
J'ai oublié l'hiver
Et Paramaribo
Tournait, les bras en l'air
J'étais au fil de l'eau. »

Ils n'ont rien compris, forcément. Mais ils ont apprécié l'effort. Arturo a même sorti les mains du pétrin pour applaudir. Une façon de m'encourager. J'étais intégré.

Quelques jours se sont volatilisés comme ça

avec de la musique et des gens qui passaient tout le temps. Des étudiantes en design venaient voir Carlos (qui était beau) pour parler pastels et Illustrator. Des rockers se pointaient régulièrement pour prendre l'apéro et se faire un petit rail. On avait Étienne qui venait presque tous les soirs après le boulot. C'était un Belge, titulaire d'un doctorat en biologie, qui avait épousé une Mexicaine et vendait des gaufres dans le centre-ville. Ça marchait bien, il était en train d'ouvrir un deuxième magasin. C'est lui qui m'a fait redécouvrir Joe Dassin.

— Ça a une qualité lounge, martelait-il quand je me foutais de sa gueule.

Il avait transmis cette marotte à David, un Mex qui parlait quatre langues et chantait *Aux Champs-Elysées* avec l'accent allemand. Il bossait dans le magasin d'aquarium de son frère, mais sa véritable passion, c'était les tortues. Il en parlait avec des étoiles dans les yeux. Il était membre actif d'une association de protection de l'environnement qui avait réussi à faire échouer un projet de complexe hôtelier sur la côte du Quintana Roo car c'était le lieu de reproduction d'une espèce de tortues de mer super-rares.

Il y avait vraiment de tout. Du drôle et du moins drôle. Miguel, qui était un authentique fils de pute, passait à peu près tous les jours. Il était bien accueilli parce qu'il avait 11 ans, il mangeait un bout puis il retournait sniffer de la colle dans la rue avec ses potes qui, comme lui, n'ont aucune chance de s'en sortir.

Un jour, un mec en jean avec une casquette de base-ball a débarqué alors que j'étais tout seul à la casa. C'était un Indien de 17 ans qui en paraissait 30. Sans rien dire, il s'est posé sur le toit et a allumé la télé. Puis il s'est mis à cracher à intervalles réguliers, toutes les quarante-cinq secondes. Au bout d'un moment, il m'a dit « j'ai faim », alors je lui ai préparé une petite omelette. Arturo m'a appris un rentrant que c'était Santos, un ami, un indigène Huichol en voyage. J'ai dit bon.

La vie coulait bien ici. Ça brassait. J'étais installé dans le hamac du patio et j'avais pas le temps de m'ennuyer. Les journées étaient rythmées par les visites de gens et les crachats de Santos dont la consommation d'alcool était préoccupante. Il sortait une fois par jour pour aller acheter un pack de Pacifico qu'il s'envoyait tout seul devant la télé. Il éclatait de rire devant *Maman, j'ai raté l'avion*, dont il passait la cassette en boucle depuis maintenant plusieurs jours. Il avait l'air épanoui. Je me demandais quand même si sa mère restée dans son village du fond de la Sierra Madre le reconnaîtrait dans son état actuel.

Je me suis réveillé un matin et la reine du Mexique était assise dans la cuisine. C'était l'amie d'une amie de Luis. Elle m'a préparé du café. Je lui ai souri.

— Méfie-toi avec les filles. C'est pas comme en France ici, m'avertissait Luis.

Il me briefait sur les codes de séduction locaux : quand une femme mexicaine couchait, elle avait le mariage en vue, et encore, seulement les plus délurées. Je lui avais fait remarquer qu'il était homosexuel et qu'il devrait peut-être recouper ses informations. Il m'avait répondu oui, je suis pédé, mais je suis mexicain et je vis ici depuis vingt-cinq ans et toi depuis quelques semaines, alors s'il te plaît. Je m'étais incliné mais j'y croyais pas. J'ai vite oublié la reine du Mexique (qui, d'après Luis, était forcément vierge à 21 ans) et j'ai acheté une guitare au Tiangis cultural, un marché de babacooleries qui rappelait le Camden Market du nord de Londres, avec le soleil en prime.

Ça a changé ma vie cette guitare. On jouait par-ci par-là, dans les bus et les bistrots avec Arturo et Carlos. Luis nous suivait avec sa caméra en se frottant le crâne. Ces petites aventures sonores nous emmenaient en vadrouille. On a fait une virée à Progresso dans cet esprit, un port avec un ponton qui s'enfonce dans le golfe du Mexique pendant des kilomètres sans demander la permission. Comme ça, j'avais vu la mer. On gagnait un peu d'argent avec les touristes canadiens en escale de croisière. On se posait n'importe où et on faisait groover des petites choses latino qui ne mangeaient pas de pain. On tapait sur des bambous et ça nous allait bien.

La musique, je pourrais en parler pendant des heures. Mais je préfère l'écouter, la jouer, et fermer ma gueule. Certains ont besoin d'une ligne de coke pour affronter le monde. Moi, c'est une ligne de basse qui me sort du lit. Il n'y a rien au-dessus de la musique. Elle permet de s'extraire de la couette et du langage pour aller au cœur des choses et sonder l'inexprimable. Elle entretient notre connexion avec le genre humain. Une prise directe sur les pulsations de l'âme universelle. Bref, un monde sans musique est un monde mort. Les gens qui ne sont pas d'accord avec ça (il y en a) doivent être fusillés sur-le-champ sans autre forme de procès.

— On va faire un tour au Roxy, décida Arturo un jeudi à 22 h 27 en estimant que tout le monde était suffisamment cuit.

On s'y est finalement rendu le lendemain pour cause de flemme. C'était un club rock un peu pourri avec des Hendrix sérigraphiés aux murs. Un groupe de punk-core incendiait la scène pour un public de blousons noirs [1] qui secouaient la tête. C'était pas terrible, mais le chanteur entretenait un bon contact avec les spectateurs. En allant chercher des bières au comptoir, j'ai fait la connaissance d'un jeune homme sympathique et avenant. On a discuté et, de fil en aiguille, il m'a gentiment proposé de l'enculer. Je prétextai une migraine avant de l'orienter sur Luis, qui serait sûrement plus réceptif. Le chanteur se faisait vindicatif.

— *Esa cancion esta dedicada a todos los pinches hijos de la Malinche.*

Ce qui voulait dire que la chanson était dédiée à tous les putains de fils de la je sais pas quoi.

— La Malinche, m'expliqua Arturo, c'est la première maîtresse indienne de Cortés quand il a débarqué. En lui servant d'interprète, elle lui a permis la conquête du pays. C'est à la fois la mère de notre nation bâtarde et le symbole de ceux qui vendent le pays à l'étranger.

Le couplet conspuait les gringos qui étaient en train d'acheter le drapeau mexicain. Le refrain (« *chinga tu madre* ») était suffisamment explicite pour se passer de traduction.

Le chanteur avait les bras écartés quand il s'est effondré sans prévenir. Il était mort depuis longtemps quand les secours sont arrivés deux heures

1. Parfaitement, des blousons noirs.

plus tard. On aurait pu croire à un coup de la CIA mais l'enquête a conclu à un court-circuit dû à la vétusté de l'installation. C'était déjà arrivé au Roxy deux ans plus tôt. Un bassiste avait eu plus de chance en perdant seulement ses ongles et ses sourcils. J'avais aussi entendu parler de ces histoires d'autocombustion de batteurs explosant sur scène. Aujourd'hui, il était mort en martyr ce punk. Luis avait filmé la scène. C'était toujours ça de pris, niveau postérité.

On est rentré à la casa en traînant les pieds. Il n'y avait que Santos, vêtu d'un costume traditionnel huichol que je ne lui connaissais pas. Plus étonnant encore, il avait lâché sa télé. Il feuilletait un bouquin que j'identifiai vite comme étant *La vie devant soi.* Il en était à la page où Momo demande à M.Hamil si c'est possible de vivre sans amour. Il était mort de rire.

J'ai assez vite compris que le Zocalo de Mérida était le centre du monde. Pas un coup de génie architectural, juste une bulle de vie protégée des tempêtes et du temps.

Posé ici, mon regard embrasse les quatre points cardinaux.

À l'ouest, un groupe de jeunes avec des percussions.

À l'est, trois muchachas impeccablement coiffées.

Un type fume une cigarette, le regard perdu vers le nord.

Au sud s'ouvre le boulevard qui mène à la gare routière.

Je me dirigeai vers l'est et demandai du feu sans briller par mon originalité. Les deux premières ne fumaient pas. Alexandra si.

Elles faisaient la conversation, ça ne demandait pas trop d'efforts. Elles étaient curieuses. D'habitude les gringos voyagent en grappes, sans se mélanger. Là, j'étais seul et je venais leur parler. Les deux non-fumeuses se tortillaient comme des saucisses en gloussant. Alexandra me regardait dans les yeux avec une ombre de défiance. D'ailleurs, elle n'était pas aussi impeccablement coiffée que les deux autres qui correspondaient au modèle mex standard : jean trop serré, cheveux trop lissés, visage trop maquillé.

Elles étaient pas farouches. Elles n'en voulaient ni à mon pognon ni à mon passeport : elles venaient de la classe moyenne qui ne manque de rien. Et j'étais plus ou moins un clodo pas rasé. Je devais être exotique. On a continué notre discussion devant un tejuino, un alcool de maïs indien absolument dégueulasse. Les nonfumeuses étaient étudiantes en design et déploraient le machisme de la plupart des Mexicains, en notant que les jeunes, ça s'améliorait.

— Ça reste souvent des gros lourds, concluaient-elles.

Dans la rue, les mâles de base sifflent les filles en jupe. Un réflexe. C'est les mêmes qui ont deux familles à faire des enfants de partout pour se prouver qu'ils ont une bite. Ça les gêne pas trop les filles de se faire siffler. L'habitude. Elles tracent sans détourner le regard et voilà.

Alexandra soupirait. C'était la plus jolie avec

ses bouclettes et ses grands yeux, sans toutefois casser trois pattes à un toucan. Il se faisait tard. Les designeuses ont dû rentrer chez elles (c'est-à-dire chez leurs parents), après un inutile et consciencieux échange d'adresses e-mail. Alexandra avait son propre appart. La nuit était tombée. Il était grand temps d'aller baiser.

Elle avait du Nietzsche en pagaille dans sa bibliothèque, un Cioran, deux Bataille, que du guilleret. Une fille capable d'écouter Portishead le matin. Elle traînait un fond de douleur dans le regard qui la rendait attachante. Pas geignarde toutefois. Courageuse. Elle voulait être réalisatrice. Pour l'instant elle était accessoiriste. Elle avait eu un parcours pas facile et j'étais assez admiratif devant sa détermination de jeune femme indépendante.

Elle m'avait amené sur un tournage. Une série Z tournée en une semaine qui finirait en bas des étagères des vidéo-stores du Kansas. Une histoire de gangster avec un peu de cul. On en était au shooting de la scène finale où le héros ténébreux devait rouler une pelle à la fausse blonde après avoir carbonisé le méchant. Ça se passait dans une boîte de nuit. Alexandra fabriquait le faux sang. On attendait sans trop savoir quoi, comme souvent dans ce pays. Elle me présenta un pote technicien. Un physique de roadie, short et T-shirt XXL, cheveux très longs et gros avant-bras. Il avait pas dû dormir depuis plusieurs jours, il pleurait en permanence, partait dans tous les sens, au bord de l'overdose. Le problème du Mexique, c'est qu'il est situé entre la Colombie et les États-Unis et que la coke est vraiment pas assez chère. Ça fait vivre beaucoup de gens, ça en fait mourir d'autres.

— Je vais aller à New York. J'ai ma sœur là-bas.
— Roule un pétard en attendant.
— J'ai plus rien. Faut que j'appelle.
Elle sortit une carte du tiroir de son bureau et appela son contact. Ça avait l'air d'une carte de visite presque conventionnelle. Sauf le texte : « matériels pour supporter la réalité, 24 heures sur 24, 7 jours sur 7 ». Suivaient deux numéros de portable et un e-mail. Une demi-heure plus tard, le mec sonnait à la porte et déposait un gros sac d'herbe pour le prix de deux paquets de Marlboro.
— Il s'appelle Luis. Il est dans le cinéma aussi. Je bosse avec lui parfois, il est doué. Il deale pour financer ses films.
J'écoutais pas vraiment car j'avais bloqué sur une carte de téléphone Telmex 50 unités. Au dos, la pub disait : « Si tu connais un coyote, dénonce-le. »
— Ils bouffent les lignes téléphoniques ?
— Abruti, les coyotes, c'est les passeurs. Ils

prennent vingt-cing mille pesos[1] pour te faire franchir la frontière. C'est cher. Et c'est risqué.

Les États-Unis, c'est loin. On est restés dans le coin.

On se promenait souvent dans les petites rues pavées. Il y avait toujours de la musique qui sortait de quelque part dans cette ville. Un bal avec des vieux qui dansent ou un groupe de jeunes avec des percus. En passant devant la cathédrale, elle a marqué une vraie pause, s'est signée en glissant un mot doux à Dieu. Moyennement nietzschéen, pour le coup. Le gai Friedrich est pourtant une star dans les librairies mexicaines. Une façon de tuer le Père, le Fils et le Saint-Esprit, à petit feu. Le pays était l'un des spots préférés du pape djipitou, il est venu plusieurs fois. Mais l'influence de la religion s'érode face à la modernité et digère mal la concurrence de MTV. L'église fait de la pub à la télé pour vendre ses produits dérivés, genre missels et chapelets ; ça ne surprend personne. Ses réclames ne sont pas très dynamiques, d'ailleurs. Ils devraient imaginer des slogans plus à même de booster leur campagne et d'attirer un public jeune, genre : « Dieu, y a pas mieux » ou « Dieu, qui dit mieux ? »

1. Environ deux mille euros.

Niveau mœurs, le Mexique est en train de muter. Les filles de la campagne se marient souvent à 18 ans, mais les urbaines prennent facilement la pilule, avec un soupçon de culpabilité qui ne tardera pas à s'effacer. Ce pays est en mouvement et ça lui donne du charme. Une jeunesse créative se met à baiser. Ça peut se comparer à la France d'après 1968. Je le lui ai dit et elle s'est vexée. Elle a dû comprendre que je voulais dire que son pays était attardé.

Elle qui rêve d'Amérique. Elle n'imagine pas à quel point nos sociétés occidentales sont avancées. Moisies même.

J'ai assez vite compris que le Zocalo de Mérida était le centre du monde. Pas un coup de génie architectural, juste une bulle de vie protégée des tempêtes et du temps.

Posé ici, mon regard embrasse les quatre points cardinaux.

À l'ouest, un groupe de jeunes avec des percussions.

À l'est, trois muchachas impeccablement coiffées.

Un type fume une cigarette, le regard perdu vers le nord.

Au sud s'ouvre le boulevard qui mène à la gare routière.

J'allai me diriger au nord quand l'homme à la cigarette est venu s'asseoir dans la causeuse, en face de moi. Il avait l'air d'un Mexicain moyen pour ce que j'en connaissais : cheveux bien plaqués-gominés, chemise repassée qui va bien, chaussures cirées il y a dix minutes, petite moustache taillée au poil près. La trentaine.

— Tu es américain ?

— Eh non. Et toi ?

— Non, moi je suis de Mérida. Je m'appelle Pablo. Et toi ?

— Moi non.

Il se gratta la moustache d'un air dubitatif car le second degré ne fonctionne bien que dans les pays du G8. Je lui donnai mon prénom pour reprendre la conversation sur de bonnes bases :

— Et ça se passe comment à Mérida ?

— Bien, bien. Mais on a des problèmes aussi. Il n'y a pas beaucoup de choses à faire, je veux dire, pas vraiment de possibilités pour la jeunesse comme chez vous aux USA.

— Heu… et tu fais quoi dans la vie ?

— Je travaille à l'usine de hamac.

— Ça doit pas être trop fatigant.

— Ben si quand même.

Encore raté.

— Je suis vigile, je garde les locaux la nuit.

— Ah ouais, tu dois te faire chier.

— La vérité, oui, je me fais chier comme un cactus. Et puis c'est pas bien payé comme chez vous. Moi ce que j'aimerais c'est « speak english » pour pouvoir aller travailler aux USA.

Peut-être évoluait-il dans un troisième degré qui m'échappait. Mais non. J'avais vraiment affaire à un monomaniaque un peu restreint, assimilant l'Occidental à l'Américain.

La nuit tombait. Il avait l'air un peu triste, mon bonhomme. Il prit une grande respiration :

— Il est grand temps d'aller boire une bière.

— J'allais te le dire.

— Je vais t'emmener dans une cantina sympa, pas une de ces merdes pour touristes, sans vouloir te vexer.

Les cantinas sont réservées aux hommes. On vient s'y rétamer la tronche dans les grandes largeurs en écoutant de la musique ranchera et s'y réconforter entre machos. Le Mexique, c'est là. L'endroit était peuplé de chauffeurs de taxi qui me dévisagèrent avant de retourner à leur partie de dominos. Le port de la moustache était sûrement inscrit dans un dress-code implicite. Je n'en avais pas plus que de santiags, ce qui me mettait dans une situation comparable à une soirée au Pulp en espadrilles. Mais j'étais accompagné et les burrachos n'en avaient rien à cirer de ma gueule. Un vélo rouillé était accroché au plafond.

— On dit que c'est un client, il y a très longtemps, qui ne payait pas ses notes. Le patron lui a confisqué le vélo, m'expliqua Pablo en commandant un seau de bière.

Je rattaquai sur l'émigration, à la candide :

— C'est pas facile on dirait de passer aux USA. Il y a beaucoup de Mexicains qui veulent aller là-bas.

— Non, pas facile. J'ai un cousin qui a essayé. Il s'est fait choper par les rangers. Refoulé.

— Tu crois que ça vaut le coup de parier des années de salaires pour payer un passeur sans être sûr que ça marche ?

— Ben, j'ai un autre cousin qui est installé à Los Angeles depuis des années. Il a une belle voiture, une Chrysler gris métallisé. Il envoie de l'argent à sa famille.

— Il fait quoi ?

— Du ménage.

— Ça te fait vraiment rêver d'aller laver les chiottes des gringos ?

— Ben, c'est plutôt la voiture qui me fait rêver.

— T'es malheureux ici à Mérida ?

— Je suis pas malheureux ici mais comme je t'ai dit c'est pas toujours simple. L'an dernier, des cambrioleurs sont venus quand j'étais de garde à l'usine. J'ai pris une balle dans la jambe. J'ai dû arrêter un mois et mon employeur a pas voulu payer les frais d'hôpitaux. Bon, il m'a repris quand j'étais sur pied. C'est déjà ça.

Des seconds rôles de Sergio Leone poussaient la chansonnette guitare-accordéon en alternance avec la sono au volume poussé dans ses derniers retranchements. Ici, on écoute la musique fort, beaucoup, beaucoup trop fort.

On se représente souvent le mariachi comme un torero avec un grand chapeau qui pleure des guimauves à la *Besame mucho.* C'est un peu ça, mais un peu plus. Garants du son traditionnel mexicain, les mariachis parlent du quotidien, d'amours impossibles, d'amitiés fidèles et de chevaux qui galopent au clair de lune. Ils sont à peu près l'équivalent des chanteurs de country américains. Le mot mariachi vient du français « mariage » et les parentés avec le musette sont perceptibles pour qui s'y entend en rythmes ternaires ploum ploum pénibles. Pourtant, le mariachi n'est pas forcément ringard au Mexique. Les jeunes en écoutent entre deux raves, comme on peut aimer Daft Punk sans renier Brassens.

Les deux gugusses édentés s'attaquèrent à un succès de Vicente Fernandez alors que Pablo en était désormais au mezcal, l'alcool qui rend fou.

Pablo : — Je l'adore celle-là. Ça dit « Si tu es triste, pourquoi diable ne le dis-tu pas ? » C'est pour une femme.

Moi : — Hein ?

Pablo : — Je dis : cette chanson, elle touche à une face cachée de l'âme mexicaine, que vous pouvez pas comprendre les gringos. C'est le fatalisme. Il y a beaucoup de mélancolie ici. Et de pudeur.

Je voyais très bien de quoi il parlait. Il m'avait presque énervé.

— Vous n'avez pas le monopole de la mélancolie, monsieur Pablo. Vous ne l'avez pas.

Mais il n'était plus en état d'écouter. Question pudeur, c'était jusqu'à un certain degré d'imbibition alcoolique. C'est ici que ça sort, à la cantina. Tout le monde pleurait en continuant de jouer aux dominos. Seul le barman était stoïque. Deux gros tas se caressaient les cheveux en étouffant des sanglots. Ça commandait des tournées à qui mieux mieux. Ces Mexicains boivent comme des Polonais. Ceux qui avaient encore une once de cerveau arrivaient à chanter les paroles de ce morceau qui leur fendait le cœur. Entre les refrains, ils poussaient des « aïe, aïe », ces petits cris traditionnels souvent caricaturés. À la fin de la chanson ça tirait sur le « hou, hou », qui rappelait le chant du coyote s'éteignant le soir au fond des bois.

On est sorti titubants pour pisser aux étoiles. Sur la porte de la cantina, un écriteau pour attirer le chaland que je n'avais pas remarqué en rentrant :

1 bière : 10 pesos

2 bières : 20 pesos

« Le Mexique est le seul pays instinctivement surréaliste », disait Breton, jamais avare d'une formule pompeuse. García Márquez vise sans doute plus juste en affirmant qu'« au Mexique, le surréalisme court les rues ».

J'ai assez vite compris que le Zocalo de Mérida était le centre du monde. Pas un coup de génie architectural, juste une bulle de vie protégée des tempêtes et du temps.

Posé ici, mon regard embrasse les quatre points cardinaux.

À l'ouest, un groupe de jeunes avec des percussions.

À l'est, trois muchachas impeccablement coiffées.

Un type fume une cigarette, le regard perdu vers le nord.

Au sud s'ouvre le boulevard qui mène à la gare routière.

J'ai pris mon sac et ma guitare, direction le sud.

« Ce que d'abord vous nous montrez, voyages,
c'est notre ordure lancée au visage
de l'humanité. »
Claude Lévi-Strauss

« N'hésitez pas à sortir des sentiers battus », exhortait le guide de voyage de mon voisin de fauteuil, un Scandinave qui ronflait. C'était les vacances scolaires dans la vie civile, le bus était blindé de backpackers. Nous avancions à bord d'un véhicule de la compagnie Cristobal Colon qui roulait sur du plat tout vert au milieu des champs de maïs.

Ça nous menait vers la jungle tout ça, aux contreforts du Chiapas. Là, au cœur de la forêt, se cache la cité maya de Palenque, merveille archéologique et vache à lait touristique. On me promet des singes hurleurs au sommet de temples grattant le ciel, bâtis par un peuple disparu il y a plus de dix siècles. Ils sont mignons les guides de voyage. Ils te posent le paysage en exclusivité avec photos couleur professionnelles histoire de bien ruiner le plaisir de la découverte. Massacre de l'imagination. Quant aux sentiers battus, ils les tracent. Pour en sortir, il faut se passer d'eux.

C'est quand même bourré d'informations pratiques. J'apprends ainsi que la ligne Mérida-Palenque détient le record d'attaques à main armée. Comme dans les westerns, les types posent un tronc d'arbre au milieu de la route pour stopper les véhicules. Puis ils dévalisent les voyageurs sous la menace de machettes et de guns. En général, ils font ça proprement, pas de blessés. Ce sont juste des voleurs. Ça fait frissonner le lecteur, tout le monde y trouve son compte.

Bercé par le ronronnement du moteur, je m'endors comme un prince, rêvant des cités d'or et de bandits masqués que je mets en fuite en exploitant ma part féroce, comme j'ai vu faire Jean-Claude Van Damme.

Au réveil, le bus était vide et l'embouteillage monstrueux. La route était droite, toute droite, sur des kilomètres. Un couloir de bus et de pick-up s'étirant à perte de vue, des véhicules moteur coupé au milieu d'un rien horizontal et humide. Des centaines de personnes piétinaient sur le bord de la route. La population était fifty-fifty Mexicains-touristes.

— Que paso ?

— On sait pas. Ça fait déjà deux heures qu'on est arrêté.

J'avais dû rêver plus que de raison.

J'essayai de recouper les informations. Effectivement, personne ne savait rien. Le chauffeur du bus idem. J'ai marché pour évaluer la situation un peu plus loin mais c'était toujours pareil au fil des kilomètres : une interminable chenille amorphe et polychrome cernée de fourmis impatientes.

J'ai fait ce qu'il y avait de mieux à faire en rejoignant un groupe où j'avais repéré des jolies filles. Ils étaient assis sur la chaussée à enfiler des banalités. On se lie facilement dans ce genre de situation, synergie de l'ennui aidant. C'est là que j'ai rencontré Hollie, ce grand mec tout sec aux cheveux d'un blond improbable. Je ne sais pas où il avait trouvé ce ballon mais on a entamé un petit foot pour se délier les jambes. Il était trop fort pour moi. Il coinçait le ballon derrière sa tête du premier coup, passait toutes ses roulettes. Il venait de Liverpool et détestait l'Angleterre.

— Ça fait un an que je voyage en Amérique latine, faut juste être patient. Quand tu as le temps, tout se passe bien. Ça se débloque toujours.

La petite Héléna acquiesçait de ses yeux de chat. Elle avait des traits fins et des lunettes de vue coincées dans ses cheveux châtains. Elle connaissait bien le topo. De nationalité suisso-mexicaine, elle passait deux mois par an de ce côté-ci de l'Atlantique depuis toujours. Elle approuvait Hollie en rendant le joint à la blonde :

— Moi, je me suis fait chier pendant deux ans dans une caserne en Cisjordanie. Alors, un embouteillage de quelques heures…

On la voyait pas dire un truc dans ce genre, frêle comme elle était, Maïa. Une jeune fille occidentale dans la vingtaine. Elle en présentait toutes les caractéristiques, de la fraîcheur à la coquetterie hippie-chic. Sauf qu'à l'âge où les Européennes vont glander en fac, elle avait fait son service militaire comme tout le monde en Israël. Puis comme tout le monde en Israël, elle était partie voyager après ses deux ans de service militaire. Elle était belle sans être tape-à-l'œil, mais elle jouait pas très bien au foot, contrairement à Jean-François, un Lyonnais passionné de pêche (spécialiste de la technique dite du mort-manié) qui expliquait entre deux jongles qu'aux bords des étangs comme dans la vie, la patience était une vertu cardinale.

Tout le monde n'était pas aussi zen. Ça faisait bien quatre heures qu'on n'avait pas avancé d'un centimètre. Il y avait des gens avec des bébés, forcément un peu anxieux. Les filles n'osaient pas pisser sur le bord de la route. Il faisait beaucoup trop chaud. Ça cognait sur les nerfs, surtout. Une Allemande a commencé à dire que c'était scandaleux. C'était pas bon pour la vibe collective. Elle beuglait qu'on était plantés là depuis des heures, qu'on devrait déjà être arrivés, qu'on ne savait même pas où nous étions, ni ce qui se passait, qu'on avait droit à des informations pour notre sécurité, que le chauffeur du bus, en tant que responsable de la compagnie, était un incapable.

— Ce n'est pas sérieux, ce n'est pas sérieux.

Elle répétait cette phrase en boucle comme un mauvais sample. Sérieux : le mot résonnait familièrement à mes oreilles. Ça me rappelait un mec qui m'avait passé un énorme savon sous prétexte qu'il était mon patron :

— On ne peut pas écrire des choses pareilles. C'est un journal sérieux.

Je ne me souviens plus exactement de l'objet du litige. Ça devait être une vanne de trop dans un article, peut-être une histoire de tache de mayonnaise sur la cravate d'un député. Je me défendais en argumentant qu'il n'y avait aucune raison qu'un journal soit totalement sérieux. Il fallait, à mon avis, contrebalancer la lourdeur de l'actualité, et celle du style des journalistes sérieux qui se sentent mystérieusement investis d'une mission de service public. Mais il était pas d'accord.

— Te fous pas de ma gueule. Plus de conneries dans tes papiers. Dernier avertissement.

Moi, ce que je trouvais pas sérieux, c'était de s'énerver pour une tache de mayonnaise. La vie en général ne m'apparaissait pas être une matière vraiment sérieuse. J'étais prêt à recevoir le premier crétin qui me prétendrait le contraire. Et ce mec qui passait son temps à titrer sur des enfants morts venait me demander d'être sérieux. Un de nous deux était débile.

L'Allemande était devenue livide et tremblante. Personne ne s'occupait d'elle. Je me suis approché d'elle, tout près. Je l'ai regardée dans les yeux comme si j'étais son père.

— Ça ne sert à rien de s'énerver, ma belle.

Elle était pas belle du tout mais je comptais sur l'effet apaisant de la flatterie. Elle est restée figée trois secondes avant de fondre en sanglots dans mes bras. Elle était rongée par la peur de ce-qui-n'est-pas-planifié. Moi, ça m'enchantait plutôt, l'imprévu, et je l'ai serrée un peu plus fort. Il n'y avait pas de danger et j'avais le temps. J'étais pas plus mal ici qu'ailleurs.

Nos épanchements ont été interrompus par des moteurs qui démarraient. La route a commencé à bouger. C'était reparti comme ça s'était arrêté, sans prévenir. J'étais loin derrière mon bus. J'ai couru avec quelques camarades dans le même cas que moi. Notre moyen de transport partait sans nous. Avec toutes nos affaires dedans, nos vies. Il était évident qu'on ne pouvait pas rattraper ce bus, mais on courait quand même. Une bonne occasion de se demander ce après quoi on courait, comme des ânes, sur une route perdue quelque part dans l'État du Tabasco. De toute façon, c'était une fausse alerte. Le trafic s'est de nouveau immobilisé quelques centaines de mètres plus loin pour qu'on puisse agoniser tranquillement allongés dans notre sueur.

Nous étions maintenant proches d'un hameau appelé Costa Rica. Le vendeur de tacos du bord de la route faisait la journée de sa vie. Le stock de boissons était épuisé depuis longtemps par la horde de routards assoiffés. Son beau-frère était parti avec le vélo et la remorque pour faire le plein de Coca-Cola où il pourrait.

Condamnés à ne rien foutre au soleil, on a continué à faire connaissance en parlant musique. Maïa était incapable de citer un nom d'artiste malgré le casque constamment scotché autour de son cou délicat. Elle ne connaissait pas le rock et gardait le sourire tant que ça groovait. Un peu de reggae, de funk ou de tech pumpy suffisait à son bonheur. Héléna était amoureuse de Ben Harper et aurait été prête à sacrifier la neutralité de la Suisse pour ressusciter Jeff Buckley. Je me suis ensuite vu dans l'obligation de traiter Hollie de connard parce qu'il déclarait ouvertement que « les Beatles c'est de la merde ». C'était juste une façon de renier ses origines, mais il fallait quand même pas exagérer. C'était la porte ouverte à tous les nihilismes. D'ailleurs il ne jurait que par les Sex Pistols et la tech hardcore.

L'irruption de l'armée a interrompu nos polémiques. Ces gamins fringués en kaki avec des mitraillettes ne savaient pas plus que nous ce qu'ils faisaient là, mais leur présence a jeté un certain trouble. Ils ont jeté un œil sans utilité apparente, n'ont rien fait et sont repartis dans leur 4x4.

— Pendejos, grommela un Mex à leur passage.

Ça veut dire un truc comme connard. L'armée n'est pas très populaire par ici. Des rumeurs un peu inquiétantes commençaient à courir le hameau. L'embouteillage n'était pas dû à un accident. Il y aurait du grabuge dans un village plus loin. Une histoire d'élections truquées, d'émeutes. C'était pas bon pour mon Allemande, que j'avais perdue de vue. Des Mexicains, hommes et femmes de tous âges, ramassaient des pierres et des bâtons, et partaient à pied.

— C'est pourquoi que vous prenez des bâtons ? demanda Hollie à une mère de famille.

— On sait pas trop ce qu'on va trouver là-bas, alors on sait jamais.

Pas vraiment rassurant. Mais nous, on comptait pas bouger de là. On ne voyait pas trop l'intérêt de se pointer là où ça frite alors qu'on avait encore des cigarettes. Mais on est toujours rattrapé par les emmerdes.

Une grosse vague de tension déferla à quelques mètres de nous. Ça dégage une énergie monstre, une baston. Tu peux être aveugle et sourd, tu la sens à cent mètres, la filade. Le flux de la rage, l'odeur de la trouille. C'était parti en moins de deux, sans raison précise. L'attente, la chaleur, la fébrilité : le contexte était favorable. Ça suffit parfois pour une session de massacre.

Deux types étaient en train de se coller des marrons, et pas pour rire. Deux Anglo-Saxons. Des costauds. Un gros rougeaud massif et un grand chauve tatoué avec des bras comme mes cuisses. Torses nus, visages déchirés par la rage. Les coups portaient, ils tenaient debout. Les filles hurlaient. Personne ne se risquait à essayer de les séparer. C'était bien barbare, avec le bruit terrifiant des mâchoires qui se déplacent sous la pression.

D'habitude ça va vite. Ça se finit par un mec qui court ou un mec par terre qui bouge plus. C'est plutôt rare les bastons de consentement mutuel. Là, c'était le cas. Ils aimaient ça. Dès les premiers taquets, leur mascarade avait pris une tournure irréversible. Ils avaient switché très vite.

— Je vais te tuer, bramait le tatoué.

Il le pensait, il voulait le tuer. Pourquoi ? Il n'avait pas violé sa sœur, ni volé ses sous ou mangé ses tacos. Il y a deux minutes, ils n'avaient rien à se reprocher. Et maintenant, ils voulaient sincèrement s'étriper. Parce que les pains dans la gueule, ça fait fondre les plombs, ça éteint le cerveau et rallume les instincts primaires : tuer ou être tué. Je sais même pas si la fierté a quelque chose à voir là-dedans. C'était des animaux, ni plus, ni moins.

Ils se percutaient, s'en mettaient plein la face, s'arrêtaient une minute en grognant sans se quitter du regard et recommençaient. Le tatoué avait l'arcade gauche éclatée, le sang coulait bien. Il disait « viens, viens » avec l'expression sardonique du mec qui doute pas. Le gros secouait sa masse dans tous les sens, sans donner l'impression de se contrôler. Un bulldozer pataud et déterminé, avec l'oreille gauche à moitié arrachée. Il fonçait tête en avant. Contact. Une dent gicla pour atterrir devant mes pieds. Je la ramassai et reculai de quelques pas pour ne pas être happé par le cyclone de haine.

Moi, cette débauche de destruction, ça me glaçait. J'admettais pas qu'on puisse se détruire physiquement pour rien. C'est important les dents. Je tournai le dos et marchai sur la route en mettant des coups de pied dans ces putains de cailloux. J'avais une dent dans la main, j'essayerai de la ramener à son propriétaire quand il se sera calmé ou quand il sera mort.

Des petits Mexicains surgissaient par intermittence des fourrés qui bordaient la route, disaient « hongos » en agitant un sac et disparaissaient dans les bois. Hongos veut dire champignons. C'était une autre spécialité du coin, assez complémentaire de l'attraction archéologique.

Nous décidâmes de nous concerter à l'unanimité. Notre conseil de sécurité délocalisé était donc constitué d'un Anglais sans menton, d'une Israélienne blonde et d'une Suisso-Mexicaine un peu timide. Maïa déclara que la découverte des drogues locales était la moindre des curiosités en voyage, au même titre que la cuisine. Hollie commençait à avoir les dents rongées par l'acide. Héléna était du genre plutôt sage et préférait s'abstenir. J'estimais pour ma part que les émotions que nous avions vécues durant les vingt-quatre heures d'embouteillage méritaient bien une petite friandise.

Il était 10 heures du matin quand les premières pyramides émergèrent de la jungle, gigantesques structures coniques plantées dans la terre mère. Les Mayas de la période classique avaient fait du bon boulot. Les dizaines d'édifices parsemant la forêt sur une surface hallucinante avaient traversé la décadence des siècles avec flegme et sérénité. On devait la construction des principaux bâtiments à Pacal, le roi au pied-bot, au VIIe siècle. Cette première donnée mentionnée par les panneaux informatifs placés à l'entrée du site nous procura une première montée de fou rire, à peine tempérée par la culpabilité de se moquer des handicapés. La cité de Palenque avait connu un grand rayonnement sur une courte période avant d'être complètement oubliée à partir du IXe siècle, celui du déclin toujours inexpliqué. Elle avait été redécouverte à la fin du XIXe siècle par un archéologue allemand qui avait dû kiffer sa race en exhumant les premières pierres. Je tentais de ressentir son exaltation en regardant les temples s'approcher. On eût dit une Atlantide noyée dans un océan de photosynthèse, n'étaient les vendeurs de souvenirs merdiques. J'achetai à une petite fille indienne un pendentif en bois gravé représentant Kinich Ahau, le dieu soleil (celui-là même qui, lors de sa révolution nocturne, se transforme en jaguar). Il fallait s'acquitter d'un droit d'entrée. Hollie se dirigea vers le guichet, gardant son sérieux pour s'adresser au fonctionnaire :

— Doctor Livingstone, I presume.
— Cinquenta pesos, por favor.
Il devait avoir l'habitude. Puis ce fut le tour de Maïa :
— Une place pour *Le livre de la jungle* s'il vous plaît.
Il soupira :
— Cinquenta pesos, por favor.

On sait finalement peu de choses sur les Mayas de l'époque. On les dit assez nains, ce qui est étonnant au vu de la hauteur des marches de leurs temples. Nous les montions quatre à quatre, enthousiasmés par la mégalomanie constructive de ces petits contemporains de Charlemagne et les effets des hongos qui nous donnaient des ailes. Au sommet de certaines structures avaient poussé des arbres qui devaient être centenaires. Je crois avoir entendu un Québécois muni de souliers Méphisto estimer que nous étions bien peu de choses, nous les hommes.

En hauteur, on distinguait bien les déplacements de cellulite des touristes chargés à la fourche par les tour-operators. Ils leur avaient collé des badges de couleur pour les classer comme il faut et ne pas les égarer dans le micmac des autobus.

Arrivés au sommet du temple des inscriptions, nous apprîmes par le guide *Let's go* de Maïa que les Mayas du VIIIe siècle assuraient en mathématiques et en astronomie comme l'atteste la finesse de leur calendrier, ou plutôt de leurs calendriers. Ils utilisaient trois systèmes de mesure du temps se désynchronisant en permanence mais se recoupant tous les cinquante-deux ans. Les prêtres mayas avaient une idée précise quant au jour de la naissance du monde. Ils pensaient aussi qu'un grand cycle prendrait fin le 22 décembre 2012, consacrant l'arrivée de temps nouveaux. Je tiens ça de Fox Mulder, qui, dans le tout dernier épisode de *X-Files,* apprend par la bouche de l'homme à la cigarette que c'est à cette date qu'ils arriveront.

Un vieil Américain en short, équipé d'un Nikon, d'un *Lonely Planet* et d'une épouse liftée, nous fit part de ses commentaires :

— Vous savez que les Mayas, malgré l'étendue de leurs territoires, n'ont jamais constitué de véritable empire. Seulement des cités-États autonomes.

— Eh oui, à chaque civilisation ses systèmes d'organisation, meublai-je poliment.

— Vous vous rendez compte, les gars, qu'ils pratiquaient les sacrifices humains.

Hollie se mit à grogner :

— Ouais, c'était il y a mille deux cents ans. Vous, vous y avez encore recours.

Rush de tension : une horde de guerriers olmèques emplumés était en train d'envahir le fort par l'est. À moins que ce ne soit une diversion et que le gros de l'attaque ne se porte au nord. Je zappai l'hallu pour gérer mes camarades dans la réalité, ou dans ce qu'il en restait.

Le vieux a commencé à ouvrir la bouche et l'a refermée aussi vite en voyant la face cramoisie d'Hollie, prêt à bondir tel le naja. Puis a filé vite fait en mâchant son chewing-gum de façon tout à fait surjouée. Héléna regardait Hollie, un peu effrayée, pas mal fascinée.

— Je peux plus les voir. Ils sont partout. Tu vas dans n'importe quel pays et ils sont là à donner des leçons à tout le monde avec leurs gros mollets et leur tête de con, alors qu'ils comprennent rien à rien.

C'était un grand sensible, Hollie, un écorché, avec des nerfs qui dépassent de partout. Il avait fini ses études et avait trouvé un job bien payé avec une cravate dans une grosse boîte de téléphonie mobile. Il avait tenu six mois.

— Puis je me suis rendu compte que ma vie n'avait aucun sens et qu'il pleuvait tout le temps. Je me battais tous les week-ends à la sortie des pubs, pour décompresser. Alors je me suis cassé. C'était ça ou je tuais quelqu'un, peut-être moi.

Un agité qui avait fait des efforts pour rentrer dans la norme et qui avait pété un câble plus tôt que prévu. Hollie avait vu la lumière une nuit où, par hasard, il ouvrit *Cent ans de solitude* pour ne plus jamais le refermer. Il était devenu poète du jour au lendemain, à l'aube. Avait vidé son compte bancaire et acheté un sac à dos.

— Je suis parti d'Ushuaia, et j'irai jusqu'à Anchorage. Sans prendre l'avion.

Il disait ça et il n'avait aucune raison de ne pas le faire. Il voulait aller d'un bout du monde à l'autre sans savoir comment, sans savoir dire pourquoi.

Il était désormais calmé. Pour achever sa décompression, je lui conseillai quelques exercices de respiration ventrale pendant que je m'installai dans la position du poirier. Nous étions assez hauts. J'avais la supervision à l'envers. Tous ces arbres, ça m'inspirait. Je contemplai la jungle qui s'étendait à perte de vue, engloutissant la cité pétrifiée dans sa moquette verte. J'avais le ciel qui pendait au bout des pieds et la proximité de l'infini nous ramenait finalement à ce que nous étions, quatre touristes dont trois défoncés. Maïa était à genoux. Elle ne nous prêtait pas la moindre attention.

— Venez voir, c'est fabuleux comme c'est bien rangé.

L'Israélienne s'extasiait sur l'activité d'une colonne de fourmis. Il y en avait des millions, au bas mot. Elles transportaient des bouts de feuilles sur deux rangées, une aller, une retour. Une organisation admirable. Nous avons décidé d'un commun accord tacite de retracer l'itinéraire de nos nouvelles amies. La colonne courait sur des centaines de mètres. Quelques heures se sont envolées comme ça, quatre débiles à quatre pattes dans des ruines mayas en quête d'explication sur cette entreprise colossale. Héléna prenait des photos qui ne rendraient absolument rien, sous le regard intrigué[1] des touristes badgés. Nos recherches ont abouti à quelques réponses ouvrant sur de nouvelles questions. Les fourmis acheminaient leur convoi vers une galerie souterraine dans laquelle, supputait-on, se trouvait la reine. Mais pourquoi se fournissaient-elles en feuilles au sommet de cet arbre particulier (situé vers le temple du crâne) alors qu'on retrouvait le même type de végétaux à quelques mètres de la galerie ? Mystère de la nature insondable pour les naturalistes amateurs que nous étions.

L'anthropologie était également une science obscure. Pourquoi des centaines de touristes venus du monde entier se pressaient-ils ici même sans prendre la peine d'adresser la parole aux autochtones ? C'était quoi, cette fascination pour les vieilles pierres ? Ça servait peut-être à se dire qu'il restera quelque chose de nous quand on aura disparu. Si ces schtroumpfs qui ne connaissaient pas la roue ont su laisser une empreinte défiant les siècles, notre époque laissera des

1. Pour ne pas dire incrédule.

traces autrement importantes. Une façon de se croire immortels.

Que restera-t-il de l'Occident début troisième millénaire ? Peut-être pas grand-chose. Nos bâtiments s'effondrent facilement, c'est prouvé. J'aimerais bien voir la tronche du mec qui déterrera un de nos disques durs dans deux mille ans. J'aimerais bien savoir comment il interprétera le fait qu'on puisse trouver sur le même support des bilans comptables et des blondes qui sucent des poneys.

Je me suis vite repris. Dans deux mille ans, les poneys auront disparu, l'homme aussi. Personne ne viendra fouiller dans nos poubelles.

Et les touristes n'en avaient rien à branler des Mayas. Ils venaient filmer ce qu'on leur avait dit de filmer.

Camping El panchan, à deux pas du site archéologique. Nos hamacs étaient installés sous une palapa, un toit sans murs sous lequel nous squattions en groupe. Je me balançais doucement, les écoutilles pointées sur les conversations de mes voisins backpackers. Maïa racontait les raves du Néguev en roulant des pet' à la chaîne. Parlait de ses piercings et des attentats suicides. Hollie s'emballait sur Michael Owen et Machu Pichu. Jean-François le Lyonnais rêvait du poulet de Bresse avec des champignons et de la crème, ainsi que d'une Mexicaine qu'il avait croisée à Puebla. Héléna parlait de son arrière-grand-père, un consul ravagé par le mezcal dans le Cuernavaca des années 1940. Plus tous les autres qui parlaient de tout. Chacun ses petites histoires de voyage, ses histoires de chez lui. Nous étions dans un camping au milieu d'une forêt tropicale d'Amérique centrale. On trouvait pêle-mêle des pantalons africains, des tresses jamaïcaines, des didjeridus australiens. Les peaux étaient claires. Tout le monde parlait anglais. Nous étions dans un parc à routards, sociologiquement homogènes : enfants des classes moyennes blanches occidentales.

Il y avait les bobos occasionnels qui venaient passer Noël à la roots avant de redevenir webmaster dans le 11e ou à Soho. Il y avait les Anglo-Saxons dans leur gap year, la traditionnelle année sabbatique d'après le bac. La plupart planifiaient leurs étapes, avec billet retour à date fixe. On ne part pas vraiment si on sait quand on rentre. C'était le point de vue des longs termes comme Hollie ou Maïa. Ils sont de plus en plus nombreux, les vrais itinérants. C'est une nébuleuse mouvante qui se recrée ses codes sociaux en marge du confort sédentaire occidental. Une tribu comme une autre, armée de sacs à dos et de bonnes intentions. Avec la découverte de l'Autre et d'Ailleurs comme sacerdoce, la ganja au petit déjeuner et le premier ecsta en guise de madeleine. Globalement détendus et curieux, tolérants. Bref, une sacrée bande de branleurs.

On peut parler de néo-hippies même si plus personne n'écoute le Jefferson Airplane. Ça pioche un peu partout dans les cultures techno, rasta, skate et bouddhiste pour se constituer un folklore. Comme toute tribu, ils ont leur mythologie. La

Genèse à Woodstock, Bob Marley en saint patron. Néo-hippie, j'avais rien contre, dans une certaine limite de délire, et sans le déguisement. Sympathisant de la cause, sans prendre ma carte. Compagnon de route.

Ils ont aussi leurs pénibles, mes travellers. Ceux qui parlent trop, les prosélytes, les messagers, les moralistes qui ne comprennent pas qu'on puisse manger de la viande, ceux qui vont chez les Indiens pour leur expliquer la vie. Ceux qui pensent sincèrement qu'on va changer le monde en adoptant une attitude. Les plus caricaturaux courent derrière les golden sixties en suivant les « Rainbow gathering », ces grand-messes écolo-baba où on fait des rondes Krishna en se vautrant dans la boue. Panthéons inaccessibles.

Tous, on s'agite en vain. On n'a plus rien à construire. Le monde est déjà fait. Indestructible, moche, trop fort pour nous.

C'est comme le voyage : terminé. Nos parents partaient à Katmandou en 2CV, ça demandait un grain de folie ou des couilles en bronze. Pour nous, c'est facile, trop facile.

Avec une carte de crédit, on a tout à portée de main, l'exotisme, les putes, la drogue, la plongée sous-marine, Internet et le frisson. Dans n'importe quel trou du cul du monde. Le charme est rompu. L'aventure est morte, depuis longtemps étouffée par la massification du tourisme et les connards de photographes qui vendent le désert sur papier glacé. De nos jours, il faut être trafiquant de drogue ou sportif extrême pour « sortir des sentiers battus ». Nos périples sont devenus des courses à l'authenticité, en contre la montre.

— Cozumel, c'est mort depuis longtemps. Les tour-operators ont débarqué. Le spot, c'est la Isla Holbox, pour quelque temps encore, expliquait Héléna.

Ça la tracassait l'authenticité.

— Ça change trop vite ici. C'est plus comme il y a quelques années. Dans le moindre petit village, il y a un camion de Coca-Cola qui passe toutes les semaines. C'est dommage.

Elle était à la fois naïve du haut de ses 19 ans et éclairée par sa double culture. Elle était pas sûre d'elle la brunette, avec un charme innocent, toujours l'air de s'excuser quand elle parlait. On l'écoutait pourtant avec attention. Hollie, qui ne la quittait pas souvent des yeux, lui demanda si elle préférait vivre au Mexique ou en Suisse.

— Rien à voir. En Suisse, tout est…

Elle cherchait ses mots.

— … prévisible. Tracé d'avance.

— C'est ça, ouais. C'est nous qui avons tout faux. On est complètement niqués de la tête en France. C'est ici qu'ils vivent comme il faut, s'emporta Jean-François le pêcheur en renversant un bang.

C'est les transports urbains lyonnais qui l'avaient conduit ici :

— C'est tendu chez nous. Les gens baissent la tête, ils n'osent pas se regarder. C'est ici qu'ils vivent comme il faut.

Suivirent des considérations sur la pauvreté qu'il ne fallait pas oublier, sur la misère moins pénible au soleil, sur le soleil comme plus grande richesse. Suivirent des considérations sur le retour à la nature (« J'ai vécu trois mois dans les grottes avec les Tarahumaras »), sur la pollution, l'aliénation urbaine, le zapatisme, le néocolonialisme touristique et l'action humanitaire. On décelait toujours des relents de mythe du bon sauvage plus ou moins consciemment coincés entre deux neurones.

Elle avait grandi avec des emmerdes cette jeunesse occidentale. On lui avait dit que les mondes meilleurs, fallait plus y penser. L'avenir était une notion floue, pas brillante en tout cas. Alors elle reportait ses utopies et illusions avortées sur le Sud où on vivait plus sainement, sur l'air d'ils crèvent la faim mais ils ont des valeurs.

— C'est ici qu'ils vivent comme il faut, mes couilles.

Hollie trancha net.

— Demandez-leur si c'est ici qu'ils vivent comme il faut, à tous ceux qui abandonnent leur famille et parient leur vie pour essayer de passer aux USA.

Ça a refroidi l'atmosphère. Il avait pas tout à fait tort, Hollie. C'est nous qui vivions comme il faut chez eux avec l'argent de nos contribuables. Il aimait bien mettre des coups de latte dans la fourmilière l'Anglais, provoquer les événements histoire de se prendre la vie en pleine gueule. Une once de masochisme punk, l'exact opposé de mon attitude qui consistait à se promener en attendant que ça passe. Il continuait limite agressif :

— C'est pas parce qu'ils sont pauvres qu'ils valent mieux. Ça reste des êtres humains, et ils ont leurs raclures comme partout. On passe les voir, on trouve ça mignon. Qui d'entre vous pourrait vivre toute sa vie dans un pueblo, hein ?

Échos de protestations vaseuses, vaguement indignées. Maïa demanda des feuilles pour rouler et surtout pour meubler.

Un constat poisseux m'agrippa par en dessous et faillit me faire tomber du hamac. Nous, routards, ne valions pas mieux que les beaufs en club de vacances. Nous nous concentrions dans les mêmes endroits, suivions les mêmes itinéraires et les mêmes guides touristiques formatés. Nous étions les mêmes connards à s'acheter des souvenirs estampillés commerce équitable et à vanter l'incroyable convivialité de nos amis les métèques.

Puis la petite voix d'Héléna s'autorisa à signaler qu'elle envisageait peut-être, elle, de s'installer un jour au Mexique, dans un endroit où elle pourrait faire « quelque chose d'utile », quand elle aurait fini ses études. Mais c'était pas sûr. Son intervention a ramené un peu de paix sous la palapa et même du silence.

Blotti dans mon hamac, il m'est revenu l'image d'un vieil homme que je connaissais bien. Un monsieur courtois, réservé, un peu normal toute sa vie. Dans sa dernière semaine, quand sa tête était déjà partie, toutes les saloperies enfouies au fond de son ventre lui sont remontées à la gueule, à hurler sur son ami calciné, à chialer sur un enfant mort sous ses yeux de jeune homme. Juin 40, morne plaine. Il en parlait jamais. Ou négligemment. « C'est des vieilles histoires tout ça, c'est oublié. » Soixante ans de silence, sans jamais faire chier personne avec ses cauchemars, plantés à vie, invincibles.

Alors nous on était beaux avec nos ennuis de trop-pleins consuméristes et de trop vides existentiels. Avec nos quêtes d'absolu rabougries et nos fuites faciles. On n'avait jamais connu ce que c'était survivre. On rendait visite aux crève-la-faim pour exercer une compassion stérile. Ça soulage un peu la conscience de la souffrance des autres. Mais ça soulage pas tant que ça.

C'est un singe hurleur qui a férocement interrompu le passage de l'ange et les cogitations de chacun. J'ai bien regardé mes compagnons. Un dessein commun se lisait sur nos visages. Sous couvert de nos branlettes humanitaires convenues, même derrière les colères d'Hollie, le détachement enfumé de Maïa ou les indécisions d'Héléna, nous étions tous à la recherche d'une pureté, d'une innocence perdues.

— **Voilà, moi j'ai fait des études en sociologie et il fallait que je trouve un sujet pour** mon mémoire de quatrième année. Alors je savais pas trop, j'ai essayé de choisir un thème qui me concernait. Alors j'ai fait mon analyse sur « cannabis et consommation », tu vois.

C'était un Chilien qui allait à San Cristobal pour acheter de l'ambre. Il fabriquait des bijoux et les vendait là où il passait. Sa façon de voyager. Il parlait à mille à l'heure.

— L'idée, c'était d'étudier la façon de consommer des gens qui fument pour mesurer l'impact du THC sur leur façon d'être des objets consommant, tu vois. Alors je me suis posté à la sortie d'un supermarché, euh, une semaine, puis je repérais les mecs qui avaient des têtes de fumeurs tu vois et je leur demandais si je pouvais examiner le contenu de leurs courses et tout avec des questions pour cerner leur profil.

Il était muni d'un combi Volkswagen dans lequel nous nous étions entassés contre une participation pour l'essence. L'ambiance était potache. On avait de belles étapes devant nous.

— Alors j'ai dégagé plusieurs axes en fait. Le premier c'est l'influence directe, physique, les mecs vont acheter plus de sucreries, plein de chocolat, un peu comme les bébés achètent des couches, c'est normal. Ensuite, et c'est là que je voulais en venir : c'est l'influence profonde. C'est-à-dire comment la ganja modifie ton attitude complète face au système consommationnel.

Maïa était sous le charme et sur un nuage. Elle l'écoutait avec des grands yeux et rigolait de temps en temps.

— Alors, il y a plusieurs trucs qui ressortent mais j'ai pas trop réussi à, euh, synthétiser. T'as les mecs qui vont pas acheter du Coca ou des trucs trop emblématiques, avec un discours politique fort sur les multinationales assassines. Ensuite, ce qui ressort, ce qui est important en fait, c'est qu'en général le fumeur, faire les courses ça lui prend la tronche. Il essaye d'expédier ça le plus vite possible et méprise les blaireaux qui jouissent du principe d'achat et qui passent deux heures à pinailler sur le choix d'un yaourt. Le fumeur considère le système de grande distribution moderne comme une aliénation à laquelle on ne peut échapper en milieu urbain. Il rejette le côté aseptisé, manipulateur, dépourvu de bonnes vibrations authentiquement humaines, tu vois. Alors en général les mecs se collent un gros oinj avant d'aller faire les courses pour que ça passe mieux. Là, on a un autre problème parce qu'au final ça les ralentit. Enfin, t'as ceux qui ont leurs repères et qui se mettent sur des rails sans réfléchir et puis ceux qui sont perdus au rayon lessive pour acheter des bières. Heu, voilà, j'en étais où ?

Maïa :

— T'as eu une bonne note ?

— Non, ils ont rien compris. C'était des vieux. Ils m'ont pris pour un drogué.

— C'est con parce que ça a l'air vachement bien.

Il était sympa ce Chilien. Bavard, mais sympa. La route était sinueuse et le combi plein de trous de boulettes. Le ciel était gris, l'air humide et la terre molle. On montait maintenant sur des hauteurs refroidies.

Hollie s'était arrangé pour être à côté d'Héléna. Ils commençaient à se tourner autour tous les deux. Mais c'était pas gagné qu'ils se trouvent. Parce qu'Hollie, malgré ses nerfs, conservait cette pudeur et ce manche à balai dans le cul avec lequel naissent les Anglais. Parce qu'elle était timide aussi et ne voyait pas forcément la beauté d'Hollie, qui n'était certes pas flagrante avec son absence de menton et son teint d'asperge grillée. Il était beau pourtant, drapé dans ses blessures, dans sa volonté de se frotter à la vie jusqu'à l'embrasement. Héléna percevait cette aura sans pour autant réussir à l'identifier comme la cause de ses humections. Il leur manquait une étincelle.

Le Chilien s'est arrêté à l'embranchement des cascades d'Agua Azul pour prendre un couple en stop. Sébas et Kate sont montés dans le van et sont devenus des amis en dix-neuf minutes.

Sébas était brillant. Bonne famille madrilène et universités anglaises. C'était un gars sérieux sans être chiant. Ni junkie, ni trop straight. Il bossait pour l'agence environnementale du gouvernement espagnol. Il faisait faire du souci à son père depuis que *No Logo* était devenu son livre de chevet. C'était pas le militant altermondialiste radical. Plutôt un citoyen engagé dans la « société civile mondiale ». Il avait rencontré Kate au forum social de Porto Alegre. Ils n'avaient pas passé une seconde l'un sans l'autre depuis lors. Elle était native de Fargo, Minnesota, le bled le plus froid d'Amérique, et avait grandi new-yorkaise. Ils voyageaient beaucoup et étaient installés à Madrid où elle était correspondante pour des ONG américaines versées dans les droits de l'homme. Son pays d'origine lui manquait parfois parce que c'était le dernier endroit au monde où elle ne risquait pas de se faire cracher dessus parce qu'elle était américaine. Ils étaient beaux comme deux cœurs. Lui grand brun bien foutu, la sérénité dans les yeux. Elle sensuelle aux joues rondes, à moitié blonde, la vitalité faite femme. Leur amour sans frime était une publicité vivante pour la mondialisation souriante.

Ils étaient ici pour faire un séjour dans une communauté zapatiste. Ça se faisait assez fréquemment. Des « observateurs » occidentaux squattaient les villages indiens, abritant les familles des combattants de l'EZLN. Ils servaient de boucliers humains pour que l'armée résiste à la tentation de venir faire le ménage. C'était eux tout craché ça, le voyage utile. Pour autant, ils ne m'en voulaient pas d'être un spécialiste du voyage inutile.

On s'est arrêté pour acheter à manger. Le Chilien avait repéré une tienda dans le pueblito en contrebas de la route, une petite cabane avec une enseigne Pepsi-Cola. Le genre qui n'a pas des clients tous les jours. Des hommes découpaient une vache sur le chemin. Les gamins ne s'approchaient pas trop au début, ils rigolaient de loin. Ils se foutaient probablement de notre gueule du haut de leurs 8 ans.

Un mec, la cinquantaine bien tassée, a rappliqué derrière le comptoir. Un borgne au visage lacéré de cicatrices. Pas du tout patibulaire toutefois, plutôt engageant. Un régime de bananes pendait au plafond. Trois ou quatre produits sur les étagères. Une fille d'une dizaine d'années l'assistait dans le déroulement de la vente, un peu tendue. C'est elle qui annonçait les prix.

Les gamins les plus téméraires entouraient Hollie, qui les fascinait avec son mètre quatre-vingts et ses cheveux blond pisse. Un minot s'est approché par-derrière et l'a touché comme pour voir s'il existait vraiment. Hollie (qui est un enfant) lui est parti après en gueulant et en agitant les bras pour lui foutre la trouille. Il s'amusait bien Hollie. Après, il a entamé un foot avec eux à base de boîte de conserve rouillée. C'était devenu une idole en moins de deux. Les filles prenaient des photos.

Notre transaction pour acheter le goûter se traînait un peu. Le borgne ramait. Il nous a finalement sorti un total au pif en espérant tomber à peu près juste. La gamine, qui avait dû fréquenter un peu l'école, lui mettait des petits coups de pied pour lui dire « c'est plus cher ». C'est terrible de ne pas savoir compter quand on tient une boutique. Il devait passer sa vie à s'auto-arnaquer, ce borgne.

En tout cas, elles étaient excellentes ses bananes. Toutes petites avec bien du goût. En retournant au combi, un certain vacarme attira notre attention. Ça venait d'une sorte de construction en tôle qui pouvait être un hangar. C'était la teuf à l'intérieur, à en croire le bordel chaleureux qui en émanait. Des chants, des cris, quasiment des tyroliennes. Ça devait être un genre de fête votive ou de bal populaire. Ou un troquet tout simplement. On s'est approchés pour constater qu'il s'agissait en fait d'un temple pentecôtiste, en règle, avec pasteur lisant la Bible et bisous au petit Jésus.

Il m'était déjà arrivé d'aller renifler dans une messe en France, pour voir. Ça ressemblait à une maison de retraite préparant un suicide collectif. Je comprenais pas comment ils pouvaient être si tristes en célébrant leur créateur. Ça contrastait avec nos Chiapanèques chantants, ivres d'allégresse dans leur baraque de fortune d'où sortait la joie de Dieu.

Sébas observait la scène avec attention, ému par le bonheur sans retenue de nos indio-spirituals. Il présentait une particularité étonnante pour un Européen jeune : il était catholique.

— C'est pas de ma faute. Je suis né comme ça, plaisantait-il.

Bien sûr il ne perdait pas son temps à aller à la messe ou à écouter le pape, mais il éprouvait un amour sincère pour Jésus-Christ. Il disait puiser des forces et des orientations dans la lecture de la Bible. Surtout, il croyait dur comme fer au retour du Messie. Une onde meilleure qui envahirait un jour notre planète fatiguée par l'apocalypse permanente. Personnellement, le Messie, j'y croyais un peu moins qu'au père Noël. Mais la jolie sérénité que dégageait mon ami le rendait presque convaincant. Il était heureux, ce con. Grâce à Dieu. Et grâce à Kate.

C'était tout de même intrigant de rencontrer cette ferveur protestante en terre si catholique. Sébas, qui était renseigné, m'expliqua que les différents mouvements évangéliques nord-américains avaient des stratégies très agressives en Amérique latine. Les Adventistes du septième jour et autres presbytériens étaient en train de rogner les parts de marché papistes, encore largement majoritaires. On change facilement de religion par ici. Il me cita l'exemple du syncrétisme pittoresque de la communauté indienne de San Juan Chamula, non loin d'ici. Ils étaient gentiment devenus cathos au XVIe siècle, à la demande un peu insistante des missionnaires espagnols. Mais ils conservaient encore des bouts de leurs rites ancestraux, tel ce rot de fin de prière qui était censé expulser le mal. Ces dernières années, ils avaient même intégré l'utilisation du Coca-Cola comme assistant roteur de ce rituel sacré. Bon. Il fallait aussi savoir qu'on dénombrait quelques dizaines d'Indiens musulmans au Chiapas. On pouvait être perplexe devant ce besoin de Dieu. Mais ça se comprenait facilement parce que c'est pauvre ici, remarquablement pauvre.

Le Chiapas c'est même connu pour ça, la pauvreté indienne. Le 1er janvier 1994, jour de l'entrée en vigueur de l'Alena, une poignée de bonhommes masqués sont sortis de la forêt avec des flingues, ont tué quelques officiels et ont pris San Cristobal de las Casas, capitale de l'État. Qui a été reprise quelques jours après par le pouvoir central, mais qu'importe. Marcos venait d'inventer la sous-guérilla médiatique. Un coup de génie. L'EZLN ne pratique plus l'attentat, ni l'assassinat politique, mais l'agit-pop à grande échelle. Là, on pouvait parler sans rire de frappes chirurgicales. C'est comme ça que la cagoule et la pipe du sous-commandant du fin fond du Mexique que personne ne connaissait sont devenues des icônes de la résistance globalisée. Notre Che, relayé par Internet et Manu Chao, ce qui est quand même plus sexy que Jean-Paul Sartre.

Il est beau Marcos. De sa voix douce, il balance des poèmes et des pamphlets pour défendre la cause des gens qui sont de la couleur de la terre. L'anonymat de Marcos, son grade ironique faisant allégeance à Guevara reflètent une certaine pureté dans la volonté de faire passer la cause avant l'homme. Et prouvent aussi qu'au Chiapas comme à Hollywood, il faut jouer un rôle pour accéder à la célébrité. Plus prosaïquement, la cagoule masque le visage d'un intellectuel blanc porte-parole de communautés indigènes rurales.

Pourquoi ils gueulent ces Indiens ? Parce qu'on leur a volé leur terre. Parce qu'ils sont l'objet d'un racisme assez généralisé. Pas un racisme à la française basé sur la peur, non, le vrai racisme méprisant les êtres inférieurs. Sous-citoyens de fait. Parce que la doctrine officielle exalte la nation métisse sans tenir compte des dix millions d'indigènes. Parce qu'ils sont pauvres. Entre autres.

C'est pourtant magnifique San Cristobal. C'est des églises colorées, des marchés artisanaux, des hordes de backpackers et des femmes avec leur enfant sur le dos qui fouillent dans les poubelles. Elles sont pieds nus ces Indiennes. Sont-elles donc désinformées au point de ne pas savoir que Gucci vient de sortir des petites bottines alliant le dernier chic à un confort étonnant ?

San Cristobal, c'est encore cette vieille minuscule dont la peau est une croûte de soleil, un fœtus englouti dans son châle, il fait froid à 2 000 mètres, qui tend tellement la main qu'elle ne peut plus la bouger. Les touristes prennent des photos. Au zoom de loin, par pudeur. Mais ils en veulent des tronches de pauvres sur leurs bobines. Sinon il y a les cartes postales avec le sous-commandant en armes. Vendues à l'office du tourisme. Ou les figurines de guérillero bradées sur les étals dans la rue. Ça a du bon le néo-zapatisme. Ça a braqué l'attention du tourisme sur San Cristobal, ça a ramené des capitaux. La ville est moderne, farcie de cybercafés et de boutiques de mode. Le principal bienfait de la guérilla, concrètement : l'augmentation de la manne de la mendicité.

C'est raté. La dignité indigène l'a dans le cul. C'est pas faute d'avoir essayé et de belle manière encore. En mars 2001, une caravane zapatiste rassemblant des milliers de personnes a marché pacifiquement sur Mexico. Ils ont fait le tour du pays. Les représentants de l'EZLN ont été reçus au parlement. Finie la guérilla, place à la politique. On les a entendus, reconnus officiellement. Alain Touraine est venu dire que c'était chouette. Ignacio Ramonet a même fait un stage dans la jungle dans le QG du sub, vers la Realidad. La réalité, c'est que la loi indigène qu'on leur a promise, c'est du flan.

En un mot comme en mille, ils les ont bien baisés. Vicente Fox, le président, a retourné l'affaire comme une tortilla. Fox, premier président d'alternance régulièrement élu après soixante et onze ans de règne du parti-État, le PRI, qui est une grosse chose à la fois révolutionnaire et institutionnelle, un peu socialiste et un peu libérale, toujours nationaliste et conservatrice. Fox, qui a quitté son job de président de Coca-Cola

Amérique centrale pour devenir président de la République du Mexique.

Les zapatistes ont gagné des touristes et n'empêcheront pas le plan Puebla-Panama. Un projet sur vingt-cinq ans, drivé par Washington, qui prévoit la construction d'autoroutes, de barrages hydroélectriques et de maquiladoras [1]. Reconfiguration de l'Amérique centrale dans la modernité, création de milliers d'emplois. Et, accessoirement, expulsion de dizaines de communautés indigènes de leurs terres ancestrales. La forêt du Chiapas, son pétrole, son incroyable biodiversité, les quelques dizaines de Lacandons [2] restants : privatisés.

Marcos pendant ce temps ? Il fait comme moi, il écrit des poèmes et les enfants meurent.

C'est pas de sa faute, il fait ce qu'il peut lui aussi. La contestation est dérisoire. Pourtant c'était marrant depuis Seattle 99. Nouveau monde, nouvelles luttes. Nouveaux espoirs. Un retour de flamme sur les cendres de la gauche. On crée des comités. On discute. On s'abonne à des journaux chiants. On manifeste en faisant la fête. C'est beau. On frémit d'espoir. Résultat ? Rien. Les tours s'effondrent et le monde reprend son cours. La contestation ne fait du bien qu'à ceux qui la pratiquent. C'est déjà ça.

1. Usines d'assemblage à main-d'œuvre bon marché.
2. Peuple de langue maya en voie de disparition.

Récapitulons.
Quelques bâtards anonymes et probablement incapables de citer une chanson de Bob Marley dictent le monde. Imposent notre nourriture, nos médicaments, nos vêtements, nos images. Coupent des arbres, pourrissent la planète. Privatisent les mots et les couleurs. Déclenchent des guerres. Mangent des enfants.
Complot mondial ? Non, méta-connerie.
Les funambules de la spéculation financière engloutissant des milliards qui ne leur appartiennent pas et les politiciens qu'ils financent sont-ils donc des monstres ? Même pas. La plupart sont sûrement de bons pères de famille sans intention de nuire, avec des sentiments, une morale et tout. Ce sont eux aussi les pantins d'une machine qui les dépasse.

Il n'y aura pas de révolution. Il n'y a rien à abattre. Ce n'est pas un régime à renverser, il faut s'accommoder d'un système corrompu auquel tout le monde est intégré. Babylone nous a engendrés et nous nous effondrerons avec elle. Ça viendra de l'intérieur. L'hyper-capitalisme ayant tué le capitalisme, l'économie se détachera définitivement du monde réel. L'Occident deviendra l'Argentine, l'argent disparaîtra. On aura des émeutes. Les premières victimes seront les ménages Ikéa, incapables de s'adapter. Les survivants seront ceux qui auront des bases en autonomie. Les techno-travellers, les adhérents de Chasse, Pêche, Nature et Tradition.

Au programme : une anarchie à la Mad Max, le chaos barbare dans l'hétérogénéité ethnique de l'Occident. Les cités-États barricadées, blanches et opulentes, aseptisées et autoritaires, cernées par les tribus de crevards cosmopolites vivant du commerce de la drogue et du sexe, se battant pour de l'eau et de l'essence. Le tout dans un air vicié. On va bien rigoler. J'en suis bien désolé, mais notre seule utopie, c'est la catastrophe.

Je noircis le tableau, d'accord. C'est une feinte. Il vaut mieux envisager le pire pour le futur. C'est une manière d'apprécier le présent.

Et puis, il ne faut pas non plus dramatiser : c'est un ancien alcoolique élu à la walou et clamant son fondamentalisme qui est à la tête de la plus puissante armée de tous les temps. Et qui s'en sert. Il est dyslexique et il a le doigt sur le bouton nucléaire. Notre époque est passionnante. L'homme le plus influent du monde a le QI de Fabien Barthez et il ne sait même pas jouer au foot.

Sachons toutefois faire preuve de mesure à l'heure de la débandade et rendons justice à George W. Bush, qui présente une caractéristique que l'on oublie trop souvent de mentionner : il est beau. Il a une classe bien à lui, quelque part entre Fonzie et John Wayne. Une gueule d'acteur de western, bien plus que Reagan, avec ses petits yeux porcins bien déterminés, ses rictus labiaux toujours à ça de laisser échapper un filet de bave. Pareil pour Ben Laden. Personne ne le dit, mais il a pompé tout son style sur le cheikh Bab El Ehr dans *Tintin au pays de l'or noir.* S'il n'était pas si méchant, il aurait l'air inoffensif, Ben Laden, avec sa canne de papy, sa barbe à la cool et ses yeux rieurs. Ça risque de poser un problème aux historiens du futur quand on récapitulera les criminels contemporains. Hitler était crédible. Il portait ses névroses et ses haines sur son visage. Pas aussi simple avec nos stars actuelles. Aujourd'hui les maîtres du monde ont des têtes de cartoon. Qui osera encore nous demander d'être sérieux dans ces conditions-là ?

Avec ma petite bande, on partageait tous plus ou moins ces constats, avec des mots différents. C'était pas par hasard qu'on était jetés ensemble sur la route.

Maïa s'en foutait. Elle disait : « *The answer is stupid.* » Ce qui peut facilement se traduire par « dansons en attendant la bombe ». Elle avait l'air de planer mais elle était pas conne l'Israélienne. Elle avait déjà vu des gens mourir, elle savait aller à l'essentiel. Hollie avait quelques vitrines de Mc Donald's à son actif. Héléna ne savait pas trop quoi penser. Sébas et Kate œuvraient au quotidien pour un monde meilleur, à rajouter des gouttes d'eau dans l'océan qui se vide.

Moi, des illusions, j'en avais jamais eu. J'entretenais mes rêves pour compenser. Ça me faisait des vacances.

« Je sais bien que le plus petit élan d'amour
vrai nous rapproche beaucoup plus
de Dieu que toute la science
que nous pouvons avoir de la création
et de ses degrés. »
Antonin Artaud

Je suis en train de me faire avoir parce qu'elle a ce je ne sais quoi qui fait frissonner mon ventre. Une voix d'ange et des yeux fermés. Un timbre de petite fille qui sonne comme du cristal sali sur cette ballade folk tristounette que j'avais dû écrire dans un rêve d'enfance. Elle est belle sans faire exprès.

Quand elle aura fini, je lui dirai que je l'aime.

Ça se passe dans le jardin de chez Milton, avec des gens affalés partout à siroter la musique et la douceur de l'air. Elle termine sa chanson et c'est elle qui vient me parler. Je réussis à peine à lui bégayer des bravos ridicules avant qu'elle m'emmène en promenade sur les berges du lac avec ses yeux ouverts et bleus fluorescents, déjà inoubliables.

Je suis en train de me faire avoir parce qu'elle a des dreads blondes qui tombent sur ses jolis petits seins blancs. Le genre de fille qui plonge tout habillée dans l'eau. Dont le sourire flotte à la surface du lac. Elle m'explique qu'elle est artiste conceptuelle et qu'il ne faut pas jeter ses cigarettes n'importe où, qu'elle cherche quelque chose sans savoir quoi et qu'elle est venue ici pour ça.

Jane est née vers Auckland, Nouvelle-Zélande. Elle a grandi entre les moutons, une mère protestante et un père coiffeur. À 18 ans, elle est partie se faire londonienne, passant d'une insularité à l'autre pour ne pas mourir idiote. Elle avait perdu son pucelage à la sortie d'une boîte de Brixton et à l'arrière d'une voiture dont le volant se situe à droite. Un jour, quelqu'un a mis du GHB dans son verre et elle a sauté du deuxième étage. Son dos a fait le bruit d'une biscotte et elle a dû vivre dans un fauteuil pendant plusieurs mois. À cette époque, c'est l'odeur des larmes sur ses joues qui la faisait le plus souffrir.

Ayant tâté de près la fragilité de l'existence, elle s'était mise en tête de lui donner un sens qui irait de l'avant, vers la beauté du monde, qu'elle savait éphémère.

Tout ça lui avait donné la force d'être une plasticienne en vogue dans la branchitude londonienne. Elle faisait des installations « mettant en évidence le rapport entre lumière électronique et lumière humaine ». Elle trouvait d'ailleurs que j'étais une personne lumineuse et c'est pour ça qu'elle était venue me trouver, à l'instinct. Mais maintenant elle doit s'éclipser, prendre la dernière barque pour traverser le lac jusqu'à San Marcos. C'est là qu'elle loge. C'est là qu'elle doit rencontrer Om Khuac, une chamane dont elle n'a entendu que du bien.

— Les gens disent qu'elle sait beaucoup de choses qui nous échappent.

Pour l'instant c'est elle qui m'échappe.

Je suis encore en train de me faire avoir parce qu'elle me fait un plan mystique et je tombe dans le panneau comme un marcassin. Passé l'adolescence tardive, ce genre de quête dissimule toujours un peu de connerie romantique, un volontarisme du bonheur qui n'est qu'un entêtement douloureux. Le piège était évident, et irrésistible. J'aurais dû me méfier. Mais j'étais aveuglé par son enthousiasme qui brillait beaucoup trop fort.

Une fréquence étrange plane au-dessus de San Pedro. C'est à cause du volcan, assurent les autochtones. Les autochtones mesurent un mètre cinquante avec un sourire congénital dans leurs costumes colorés. Ils sont très gentils. Les femmes lavent le linge pendant que les hommes pêchent. Ils font tout ça dans le lac, ce qui leur permet de se faire coucou à de nombreuses reprises au cours d'une journée. L'homme n'hésitera pas à vous inviter à monter dans sa barque pour savoir si ça mord. De la même façon, les vieux qui bêchent leur carré de maïs interrompent leur tâche à l'approche de l'inconnu. Ils le dévisagent avant de lancer un « hola » venu du fond des âges qui les autorisera à reprendre leur travail en toute sérénité. Un peuple facile à coloniser, qui se laisse massacrer en souriant.

Outre la pêche, San Pedro vit du café, du tourisme et de la cocaïne. Des gamines vendent des gâteaux à la banane dans la rue pendant que leurs parents tiennent des cybercafés en habit traditionnel quiche.

J'habite dans une cabane, que Pedro, propriétaire à San Pedro, me loue pour dix quetzales la nuit, soit moins d'une bière en Europe. Pedro vend des tomates dans sa boutique et lave les chiottes de ses cabanes pendant que sa grosse femme regarde la télé en souriant. Ses enfants sont infernaux et ne veulent jamais me rendre ma guitare. C'est à cause du volcan, dont l'intense activité magnétique secoue les entrailles du bon peuple et fait dérailler mes rêves vers des profondeurs irrécupérables.

Je passe pas mal de temps chez Milton, dit le gros. Un type imposant, balèze avec une grande gueule qui ne fait que rigoler. Barbu avec un chapeau, des santiags et un couteau de Rahan pour le style. Natif de Guatemala Ciudad, la capitale.

Jessica et sa jolie petite moue boudeuse étaient tombées amoureuses de lui alors qu'il jouait de la basse dans une boîte tenue par des narcotrafiquants. Ils avaient fait un bébé et s'étaient installés à San Pedro dans cette baraque où ils vont monter un bar qui doît ouvrir demain depuis quelques mois. En attendant, c'est le lieu de passage et de rencontres des branleurs des alentours, et ils ne manquent pas. Il y a là une batterie et quelques amplis, alors la musique coule en permanence, chacun y va de sa petite chanson. Un petit couple sympa et accueillant, accessoirement accro au crack.

Des routards de tout l'Occident viennent à San Pedro chercher un peu de calme en sniffant de la coke pas chère. Ils constituent un bon tiers d'une population mouvante, ce qui fait qu'on ne s'ennuie jamais à San Pedro alors qu'il ne s'y passe jamais rien. Ils se posent dans cet espace-temps parallèle, relativement sûr et bon marché, pour deux jours ou pour la vie. Certains s'épanouissent, d'autres deviennent fous. Tous s'oublient progressivement pour vivre un humanisme oisif et respectueux des hommes et de la nature. Mes congénères. On trouve peu de lieux sur terre peuplés d'autant de fainéants heureux.

Les gens d'ici ont assez peu entendu parler de relativité restreinte ou générale, mais ils n'en ont pas besoin pour savoir que le temps est une valeur taquine. Il s'immobilise ici plus facilement qu'ailleurs.

Nous étions arrivés avec l'intention de rester quelques jours. Avec Hollie et Maïa, nous avions laissé filer tout un hiver sans neige sans nous en rendre compte. Héléna était effectivement repartie au bout de quelques jours. Des histoires de famille qui la rappelaient à Genève. Plus jamais de nouvelles. Elle nous léguait un Hollie neurasthénique et amoureux d'elle. Il était touché par son indécision chronique. Elle était fascinée par son énergie débraillée. Il voulait la garder avec lui pour la tirer vers le soleil. Elle était jeune et ne s'était pas encore assez trompée pour savoir ce qu'elle voulait vraiment. Il avait un problème Hollie : il baisait pas. Il faisait partie de la grande fratrie occidentale des sinistrés de la bite. La séduction exige la maîtrise de certains tours de passe-passe qu'il assimilait à de l'hypocrisie et dont il ne se sentait pas capable. Maïa, en revanche, s'en donnait à cœur joie. Elle s'était tapé le Chilien à San Cristobal, puis un bel Australien musclé qui était reparti la semaine dernière pour le Costa Rica.

Elle avait raison. Son physique avantageux lui facilitait la tâche. Elle prenait son pied sans se prendre la tête.

Nous étions assez proches tous les deux. J'aimais sa spontanéité. Ces quelques semaines de route avaient forgé entre nous une vraie complicité rieuse qui ne s'embarrassait pas des atermoiements de l'ambiguïté. Curieusement, ses traits gracieux et sa petite croupe ferme n'avaient jamais éveillé le porc qui ne sommeille en moi que d'un seul œil.

Sébas et Kate nous avaient rejoints après leur infiltration des milieux zapatistes. Enchantés. Ils rédigeaient ensemble le rapport qu'elle devait remettre à Human Rights Watch. Je ne refusais jamais une virée en kayak ou une partie de belote en leur compagnie, qui m'était toujours agréable. On passait de longues heures tous les trois à divaguer sur la marche du monde en fumant des clopes sucrées. Il nous arrivait même d'avoir des projets, des idées de business. Un soir, nous avions imaginé l'édition d'une méthode d'apprentissage des langues par le sexe, la drogue et le rock'n'roll. Un truc révolutionnaire. Prenons l'anglais pour faire simple. Une phrase comme « *the blue jacket is in the living-room* » est-elle susceptible d'éveiller l'intérêt d'un élève normalement constitué ? Non. On avait plus de chance avec : « *Granny stole all my weed and she is stoned again*», « *the cat is in the oven* » ou « *do you mind if I fuck your sister ?* » Ça ne pouvait que marcher. Mais nous avions rapidement abandonné le projet, conscients de la frilosité des milieux éducatifs face à l'expérimentation.

Nos grandes balades se finissaient devant un coucher de soleil et la vie qui serait belle si j'avais une femme comme elle. Ils étaient rayonnants. Pleins de vie et porteurs d'espoir. Beaux parce qu'ils étaient deux. J'étais un peu jaloux de leur fusion sans alternative.

L'amour, j'étais bien renseigné. Je connaissais la chanson, en quelque sorte. C'est beau l'amour, puis ça s'essouffle. On apprend à gérer. On rationalise et c'est odieux. Puis on finit par y revenir parce qu'on n'a pas vraiment le choix.

Peu de gens l'ont aussi bien dit que Joe Dassin dont le masque cul-cul la praline cachait la fêlure du poète :

« On s'est aimés comme on se quitte
Tout simplement sans penser à demain
À demain qui vient toujours un peu trop vite
Aux adieux qui quelquefois se passent un peu trop bien. »

Un matin comme un autre. Après mes ablutions lacustres sur mon rocher attitré, je décidai de me rendre à San Marcos muni de quelques bananes et de la ferme intention de tomber amoureux comme ça n'arrive jamais. Dans le taxi collectif pittoresque, j'admirais la géométrie des cultures, l'immuable platitude du lac et ces couleurs magiques dont le nom n'existe qu'en tzutuzil, pendant qu'une Italienne assez excitante demandait à un bougre si le pays était en guerre.

Je suis descendu un peu avant San Marcos. J'ai continué à pied pour prendre la mesure de ce qui sépare les hommes de la nature.

À certains endroits, les trois volcans du lac sont reliés dans une symétrie parfaite par le coton des nuages. Trois dents coniques qui avalent l'air et crachent le feu venu des entrailles de la terre, le corps enfoncé dans l'eau. Coincés entre les éléments, à 1 800 mètres d'altitude, vivent ici des hommes qui ne parlent pas forcément le même dialecte d'un village à l'autre. Et les vieux ne parlent pas l'espagnol. Sauf celui-là qui se jette sur moi :

— Achète-moi un truc, achète-moi ça, cinq quetzales, je suis vieux, vas-y achète-moi un truc.

Ça, c'est une natte de palmes qu'il a dû mettre trois heures à tresser avec ses vieilles mains, parce qu'il est vraiment vieux. Il a le visage tellement ridé par le soleil qu'on pourrait couvrir trois fois la distance terre-lune en dépliant ses joues.

J'ai pas lutté. J'ai acheté le premier truc dont j'avais pas besoin au prix dérisoire qu'il me demandait. Il m'a dit merci avec les yeux et je l'ai regardé partir avec sur sa tête sa cargaison de marchandises qui devait être plus lourde que toute la mauvaise conscience occidentale du monde. Il n'avait pas de dents.

— T'as bien fait, ils sont bien foutus ses tapis au vieux.

Voilà ce merdeux de José. Il faisait un peu le guide avec sa tchatche, et il était pas assez con pour se laisser aller dans les sales business comme certains de ses camarades qui bossaient pour les narcos. Il était attachant parce qu'il en savait plus sur la vie que la plupart des touristes qui ont le double ou le triple de son âge. Il avait 14 ans et était forcément adulte depuis longtemps.

— Le vieux, il bossait au café. Il faisait trente kilomètres à pied par jour pour gagner vingt quetzales en portant des sacs très lourds. Mais les temps changent, tu vois. Moi, c'est ce que je gagne en une heure à chaque bateau qui arrive. Un jour, ils lui ont dit t'es trop vieux, tu peux plus bosser au café. Mais le vieux, il a plus de famille pour s'occuper de lui alors il fait ses tapis pour vivre, tu comprends ? Alors tu veux l'attraper la blonde avec les locks ?

Ici aussi, l'information circule vite.

— Je te propose de t'occuper de tes affaires.

— Moi l'autre jour je me suis tapé une vieille Américaine de 25 ans. Bon, elle était complètement bourrée.

— Quelle grande gueule tu as, José.

— C'est mon métier, me répondit-il dans le dernier virage avant que les toits n'apparaissent.

Accolé au village indien initial, San Marcos abrite un grand complexe écolo-architectural où le triangle est de rigueur pour recevoir les ondes cosmiques dans des conditions optimales. Des maisons en bois, des restaurants végétariens en bois, des cures de yoga en bois. Une communauté de hippies opportunistes a choisi le site pour plumer la nébuleuse de hippies crédules qui hantent le pourtour du lac. Une sorte de meditation-land où des Californiens névrosés viennent se soulager de leurs dollars et de leurs angoisses existentielles en prenant des cours de respiration.

Je suis allé avec le gamin dans leur boutique en bois pour boire un thé biologique planté à la main par une famille thaïlandaise dont on m'assure qu'elle est payée décemment. José voulait un Pepsi, mais la fille derrière le comptoir nous a fait comprendre que c'était pas dans l'esprit. Comme il n'y avait ni Sprite ni Fanta, il a rien voulu boire. Un type en tunique jouait sur une guitare en bois dédicacée par Ben Harper. Une grosse Norvégienne que j'avais connue un soir de détresse m'a lancé un signe de la main. J'étais un peu emmerdé, le gamin allait encore se foutre de ma gueule. Poli, je lui ai fait un petit hello timide. Elle a passé son doigt sur sa bouche en haussant des épaules pour signifier qu'elle était dans sa journée de silence.

« Un jour tu passeras sans mot dire. » C'est une des étapes cruciales de leur stage de réillumination interne. Elle avait en effet l'air d'être dans un karma positif, ce qui m'a fait très plaisir tout en me soulageant d'une conversation sur les bienfaits du triangle. Après cet éphémère jeûne linguistique, ses amis et elle se remettront à bêler le mot « énergie » à longueur de phrase pour éviter de se rendre compte qu'ils ne savent pas ce qu'ils racontent. Ils croient pouvoir se soigner en plaquant un crypto-boudhisme de comptoir sur des égotismes occidentaux. Peut pas marcher.

— Ah, t'as acheté un tapis au vieux, t'as bien fait.

Là, c'était mon Milton, accompagné de son énorme clébard et de sa petite famille. Ils étaient à San Marcos pour rendre visite à une vieille amie habitant à l'écart du village, au paseo de la serenidad.

— Tu vas voir, c'est un peu une sorcière, m'expliqua Milton dans un éclat de rire.

La maison d'Om Khuac se trouvait au bout d'un sentier pavé de pierres, perdu dans la forêt. Elle nous a accueillis gentiment comme sorcière.

— On ne peut pas s'installer à l'intérieur. La maison doit se vider de son énergie, j'ai beaucoup travaillé hier, vous comprenez.

Elle avait la cinquantaine, un bandeau dans ses cheveux gris, des vrais yeux verts, couverte de verroteries new age. Elle était blanche et parlait anglais. Ça a dû être une belle femme. Mais si c'est ça une chamane, moi je peux prouver que je suis le dalaï-lama. Je ne voulais rien connaître de sa vie mais Milton me raconta que c'était une amie d'enfance de sa tante. Elle s'est assise dans le jardin, sur un tapis qu'elle avait acheté au vieux. Puis elle a roulé un joint sur lequel elle faisait semblant de fumer.

— Au village, ils disent du mal de moi, mais ils me laissent tranquille. Ils ont peur de moi.

— Ah. Pourquoi ils vous aiment pas ?

— Ils sont jaloux de mes pouvoirs.

Je me suis retenu de lui demander si elle savait faire léviter des tamanoirs ou conjurer les interdits bancaires, préférant obtenir un renseignement stratégique :

— J'ai une amie qui vous cherchait l'autre jour, une Néo-Zélandaise, jolie.

Elle m'a regardé d'un sale œil et m'a zappé pour discuter de choses et d'autres avec Milton qui se curait les ongles des pieds. Jessica faisait la gueule en s'occupant de son gosse. José avait suivi, il était là comme s'il avait été ailleurs et s'amusait à arracher les ailes des insectes.

— Je sais pas comment vous faites pour vivre à San Pedro. Je n'arrive pas à dormir là-bas, ce volcan est trop puissant. En revanche, j'aime aller me perdre sur les hauteurs et jouer de la flûte, comme ça, seule, toute la journée.

Elle a commencé à souffler dans son pipeau et j'aurais tout donné pour me taper l'intégrale d'Yves Duteil au casque plutôt que d'endurer ça. Ça s'est terminé grâce au clébard de Milton qui lui montait sur la jambe pendant que le bébé hurlait à la mort. Milton a rigolé et ça a détendu l'atmosphère alourdie par la conjonction de l'herbe et des recherches atonales de la charlatane. C'est encore lui qui nous a sortis d'affaire au bout d'une heure de palabres inutiles.

— Bon, ben nous on a une poussette à ramener à San Pedro.

Il était pressé de rentrer pour une autre raison

moins avouable. C'était bientôt l'heure du passage quotidien de son dealer. J'étais venu chez eux un soir de pénurie. Le Milton d'ordinaire si jovial était en pleine panique. Idem pour Jessica. Ils avaient à peine noté ma présence. Tout leur être était concentré sur une seule idée. Le bébé pleurait. Personne ne l'entendait. C'était moche.

Mais pour l'instant, ils étaient bien. Rassasiés. J'ai salué poliment la vieille peau enturbannée. Puis on est tous rentrés dans la camionnette pourrie du gros et on a fait des bonds sur le chemin chaotique qui nous ramenait chez nous.

Le soleil se couchait sur le lac. Un disque orange et parfait dévalait sur les pentes du volcan. Une traînée de fumée le fendait comme un cœur. Des myriades de peintres se seraient suicidés s'ils avaient eu connaissance d'un tel endroit.

Moi, avec toute cette beauté, ça me broyait les entrailles de ne pas avoir vu Jane.

Ce matin, quelqu'un était à ma place au bord du lac, sur mon rocher attitré. Quand je suis arrivé, elle caressait ses seins nus du bout des doigts. Elle était belle comme un poster de camionneur, brune et bronzée. Je lui ai dit «hola». Elle m'a regardé d'un œil concerné et n'a pas répondu. Je suis allé laver mes vêtements dans le lac, j'étais venu pour ça.

Une demi-heure plus tard, elle s'est tournée vers moi pour me dire :

— C'est une belle journée, non ?

Il faut dire que le soleil de bon matin a des vertus aphrodisiaques. Elle était de nationalité portugaise, née au Mozambique. Esperanza. Une itinérante, serveuse par-ci par-là, à San Pedro, Guatemala ou à San Francisco, Californie. Elle m'a conseillé d'aller là-bas.

On a échangé des banalités pendant un bon moment avec des regards qui étaient d'accord pour dire que notre conversation n'avait aucun intérêt. Puis elle m'a posé une question :

— C'est quoi ton type de femme ?

— J'aime les femmes qui aiment les hommes, minaudai-je en attendant de trouver mieux.

— Tu peux faire mieux.

— J'aime les femmes qui aiment les hommes qui aiment les femmes, m'enfonçai-je.

— Et à part le baratin ?

Une coriace. Grande respiration :

— Bon. J'aime les femmes qui n'ont rien à prouver. C'est le plus important. Les femmes indépendantes, fortes et intelligentes. J'essaye de fuir les grandes névrosées mais c'est pas simple parce que la magie naît souvent du déséquilibre.

— Et physiquement ?

— Je n'ai rien à secouer de la couleur des cheveux mais je dois avouer que j'aime les gros seins. Physiquement, rien n'est rédhibitoire. Enfin, au-dessous du quintal.

— Et qu'est-ce qui est rédhibitoire ?

— Une femme qui n'aime pas les disques de la Motown a peu de chances de me conduire à l'orgasme. Les bimbos m'exaspèrent et les vénales me font pitié. Mais j'ai un vrai respect pour ce qu'on appelle les salopes, celles qui s'assument. Moi, je cherche juste des femmes qui aiment la vie et me donnent envie d'aimer la vie. Celles qui sentent le sexe à des kilomètres, comme toi.

Elle s'est levée en souriant, m'a fixé un moment, a marqué une pause avant de partir en tordant ce cul envoyé par Lucifer. Le mot sensualité avait pris une nouvelle tournure. J'ai détourné la tête avec une volonté que je ne me connaissais pas. Je savais très bien que je m'en mordrais bientôt les couilles à pleines dents. Elle s'est retournée :

— Sinon, ce soir. Il y a une teuf au pied du volcan, soupira-t-elle avec un regard abrasif, comme pour me faire regretter ma résistance.

Mais j'avais des plans pour la soirée, une histoire à finir et un rêve à rattraper. Jane m'avait parlé d'un concert où elle irait ce soir, de l'autre côté.

Par le lac, San Marcos est à un kilomètre à peine. Je prends la première barque bleue dont le conducteur porte un T-shirt siglé « *I love Jesus* ». Ça me porte chance car Jane est là sur le ponton à profiter des splendeurs du lac qui s'endort. Elle est à fond.

— J'ai rencontré Om Khuac, nous avons passé du temps ensemble. C'est une femme formidable, hulule-t-elle.

D'entrée, c'est compromis. Je ne sais pas quoi lui répondre, et de toute façon, elle n'écoute pas. Elle parle toute seule et je me laisse guider par sa voix d'enfant. Je ne suis plus vraiment à l'aise avec elle. L'harmonie du premier jour s'est envolée. Je ne sais pas ce qu'elle attend de moi. Sûrement rien du tout. Mais je ne me pose pas la question. C'est ce qui fait l'intérêt de ces états d'ailleurs : abandonner la raison et l'expérience pour redevenir un con d'adolescent romantique. Elle m'émeut. Elle me fait vibrer jusqu'à la fissure. Un truc pur et idiot qu'on a envie de caresser mais qu'on ne touche pas de peur de le briser. C'est pas de l'amour. Une simple madeleine diffuse et troublante, qui fait du bien et du mal à la fois. Qui remue quelque chose du côté de l'espoir.

Le concert a lieu en plein air, sur la grande terrasse du restaurant végétarien tenu par un géant blond. Ils sont quelques dizaines à attendre ce que les flyers présentent comme du reggae acoustique. Le vieux est là dans un coin avec ses nattes de palme, devant un bol de soupe que lui offre le patron tous les soirs. Il est indifférent à son environnement, scotché devant une télé qui diffuse *Miami Vice*. Ses yeux s'écarquillent devant les scènes sexy avec des expressions d'enfant de huit ans. Quand ça canarde, il se recule instinctivement de l'écran. Il n'a toujours pas de dents.

Om Khuac est là aussi, déguisée en fée Carabosse, grande tunique et perles à foison. Elle porte un bâton magique qu'elle agite à qui mieux mieux autour d'un encensoir de myrrhe installé pour optimiser le contact avec les esprits de la terre. Jane lui saute au cou. Étreintes a priori maternelles, discussions en aparté.

La contrebasse s'installe. Des bottlenecks commencent à glisser sur des guitares sèches trafiquées. Les percussions mettent le feu aux hippies. Ils dansent pieds nus en levant les bras au ciel et leur terre ne tourne plus le temps du concert. C'est bon ce groupe. Mais je suis pas trop dedans.

Je garde un œil sur Jane qui fume trop de joints, accaparée par la momie. Elle revient me voir pour m'expliquer que sa chamane en bois lui a promis qu'elle pourrait la faire communiquer avec son grand frère qui s'est suicidé en 1987. Son enthousiasme me fait maintenant penser à celui des soldats partant pour Berlin en 14. Elle fonce dans le mur. Qu'est-ce que je peux faire ? Rien. Inutile d'essayer de freiner pour elle, d'autant que je cours moi aussi à la catastrophe.

Pour m'occuper, je discute développement durable avec le patron hollandais en évitant de roter mon tofu. José tourne autour des touristes femelles, avec une bande d'indigènes bourrés comme c'est pas permis. Ils sont gravement perturbés par ces femmes venues d'ailleurs, si grandes, si blondes, à l'air si débauché et au demeurant très inaccessibles.

Le son s'éteint finalement pour laisser place au murmure des étoiles et aux commentaires à la con. La vie reprend son cours et je me souviens que j'ai une Néo-zélandaise sur le feu. Elle vient me trouver, perchée dans une dimension où je n'ai jamais mis les pieds.

— C'est fabuleux, Om Khuac m'a invitée à dormir chez elle ce soir.

Elle attend des félicitations frénétiques, on dirait.

— Ah. Super.

— Oui, c'est un privilège rare, on dirait que tu ne te rends pas compte.

Je me rends très bien compte qu'une lesbienne de chamane foireuse vient de me ruiner mon plan. Ça m'apprendra à vouloir avoir 15 ans.

— Adieu, tu es une belle personne.

Ça, elle me l'avait déjà dit. Puis elle continue en disant que c'était bien de m'avoir rencontré, un joli coup du destin :

— *You came out of the blue*, me glisse-t-elle en guise de conclusion.

C'est une expression anglaise et colorée pour dire « surgir de nulle part », utilisée ici pour me suggérer d'y retourner. J'étais sorti du bleu pour sauter à pieds joints dans le ridicule. Je fus traversé par l'idée de coller mon poing dans la gueule du premier hippie qui passerait, un peu à la manière de Cétautomatix quand il latte Assurancetourix parce que Agecanonix l'a trop gonflé. Mais je ravalai bien vite mon aigreur pour revenir à ces principes de non-violence qui faisaient de moi l'archétype de la truffe, et décidai de rentrer à ma cabane dans la solitude étoilée des chemins de traverse.

C'est à ce moment que j'ai réalisé que j'étais loin de chez moi. Par la route, San Pedro est à vingt kilomètres de San Marcos. Au Guatemala, personne ne circule sur les petites routes une fois la nuit tombée.

On se pèle, je n'ai ni pull, ni lampe, ni hélicoptère. En revanche, j'ai vingt bornes à faire seul sur un chemin inconnu et pas éclairé. Si j'en crois le *Lonely Planet*, je mourrai de froid avant d'être dépouillé par des indigènes indigents. Et je ne peux pas dormir chez Jane.

Je vais marcher. Quoi d'autre ?

Dans le village, je croise une équipe d'autochtones sortant du concert.

— Personne rentre en voiture à San Pedro ?

— Nous on n'a pas de voiture. Moi, je rentre à pied à San Pablo, on peut aller là-bas ensemble.

Cet homme est plein de bière. Je le checke dans les yeux un moment avant de me décider, histoire de ne pas m'embarquer avec n'importe qui. Ça n'a pas l'air d'être le mauvais bougre. Et tout bien pesé, autant y aller à deux. J'entame donc ma randonnée nocturne avec cette poche à gnole qui ne tarde pas à se présenter :

— Je m'appelle Nicolas Culum Cuc. Je suis électricien à San Pablo. Tu verras, c'est pas loin. On sera bientôt arrivés.

Dans ces contrées, « pas loin » et « bientôt » sont des concepts relatifs qu'il faut manipuler avec des pincettes. Ainsi, « bientôt » peut se traduire par « *ahorita* », un mot qui désigne un moment futur se situant entre + 1 seconde et + l'infini à partir de l'énonciation. Ce qui est troublant quand on veut savoir quand arrive le bus (ahorita) et bien pratique pour certains habitants de la région qui n'ont pas la moindre idée de la somme de temps que peut représenter « une heure ».

Je m'enfonçais dans mes élucubrations linguistiques pour éviter de trifouiller mon pathos quand mon nouveau compagnon dégaina un énorme cran d'arrêt. Je lui posai alors une question qui me semblait légitime :

— Dis-moi, Nicolas, pourquoi tu sors ce couteau ?

— C'est pour les brigands sur la route. S'ils nous attaquent, hop, un coup de couteau et je les tue.

Une explication convaincante. Je me préparai tout de même à lui démonter sa tronche au moindre geste suspect, il vaut mieux être prudent. Mais j'avais pas très peur, il mesurait un mètre et demi.

— Et il y en a beaucoup des brigands sur la route ?

— On dit que oui.

— Tu connais des gens qui se sont fait attaquer ?

— Non, mais il vaut mieux être prudent.

On a marché jusqu'à San Pablo en regardant de l'autre côté les feux allumés par mes congénères au pied du volcan. Je suis devenu le meilleur ami de Nicolas en trois cents mètres. Il m'a parlé de sa femme et de ses huit enfants, de son travail d'électricien et d'une Allemande qui l'avait serré dans ses bras, une fois.

— C'est encore loin San Pedro, tu devrais dormir chez moi.

— Non, c'est très gentil, mais je veux pas abuser.

— Si, si, viens, tu verras, ma femme est super, elle me laisse aller me saouler quand je veux et elle gueule jamais.

Il m'aurait égorgé si j'avais refusé, et ça m'arrangeait bien. Nicolas habitait dans une petite maison au sol en terre battue au centre du village. Les murs ne rejoignaient pas toujours le toit. Sa maison, c'est une pièce avec trois lits où ils dorment à dix. Il a réveillé sa femme et ses huit gamins, pas peu fier de présenter son nouvel ami français à 3 heures du matin. Ils étaient tous souriants et intimidés. Moi aussi. J'avais même l'air très con. Ils se sont serrés à dix dans deux lits pour m'en laisser un. Je me suis glissé sous la couverture en contemplant une pub Pepsi sur le mur où Ricky Martin trônait fièrement. Un sourire mi-ange mi-démon fendait sa face de cake. Je me demandais s'il n'était pas en train de se foutre de ma gueule.

Au loin, de l'autre côté du lac, on entendait le beat obsessionnel de la rave de San Pedro. Mes congénères se trouvaient là-bas, dans leur élément. Esperanza était là-bas. Ils étaient tous là-bas, Maïa, Hollie, Milton, Sébas et Kate. Alors qu'est-ce que je foutais là ? Les tenants et aboutissants de ma présence ici et maintenant m'apparaissaient désormais un peu flous. En vérité, j'étais moi-même un peu flou.

Ce qui semblait clair, c'est que la poursuite de mes chimères m'interdisait la jouissance instantanée. Je m'étais fait voler la femme potentielle de ma vie par un gourou à deux quetzales, ce qui veut dire que la femme potentielle de ma vie était une conne. Ou plutôt qu'elle avait besoin de se donner à quelqu'un tout entier pour recevoir un truc qu'un amant ne peut procurer.

Pourtant, ce qu'elle va chercher chez Om Khuac (sans déconner), c'est pas autre chose que de l'amour, j'en suis persuadé. Et de l'amour, j'aurais pu lui en donner comme personne. Mais ça, j'ai oublié de lui dire.

Elle voulait s'embourber dans ses tréfonds mystiques, je ne pouvais pas lutter. J'aurais peut-être dû lui dire que Dieu ne se trouve pas dans la fumée d'un bâton d'encens ou le baratin d'un new age bidon.

C'est dommage Jane. J'étais prêt à tout donner, tout prendre en vrac. Exploser tous les horizons, et les tiens avec. J'aurais pu lécher tout le sel de ton corps et caresser tes cheveux jusqu'à la fin des temps. J'aurais fait émerger des terres qu'on aurait fertilisées en douceur du reliquat de nos larmes. J'en aurais fait des symphonies pures à anéantir le mal, de mon ventre contre ton ventre. J'aurais fait disparaître le monde sous un air d'opéra et tu aurais hurlé des sons qui n'existent pas. Puis les mélancolies se seraient endormies dans nos bras, une bonne fois pour toutes.

J'ai été réveillé par une poule étonnée de me trouver dans ce lit que je n'occupais pas d'habitude. J'avais passé une nuit lourde et sans rêve. Le beat s'était arrêté peu après le lever du soleil, quand a repris l'existence des gens qui vivent avec la nature. Les radios hurlaient les prêches des pasteurs locaux et les travailleurs partaient aux champs.

Je voulais m'enfuir sans bruit, mais Nicolas est venu me saluer en slip. Il m'a serré dans ses bras en me répétant que j'étais son meilleur ami. Il a versé une larme et je l'ai remercié avec mon haleine de mouflon.

De retour à San Pedro, j'ai vite rassemblé mes affaires et ma guitare. Je n'ai dit au revoir à personne. J'ai laissé un petit mot chez Kate et Sébas, partis pour la journée à Chichicastenango. Maïa et Hollie dormaient. J'ai dessiné deux gros lapins sur leur porte pour adoucir leur descente post-ecstasy frelaté. Je ne sais pas si je les reverrai un jour et je crois que je m'en fous.

Je me suis penché une dernière fois sur mon rocher. J'ai regardé l'eau mais elle ne reflétait pas mon image. Je n'ai pas insisté, elle avait sûrement ses raisons.

La barque qui m'éloignait de San Pedro tanguait anormalement. Des vagues inconnues déchiraient le lac. Au pied du volcan, les cendres du brasier brûlaient encore un peu, stigmates de la nuit technoïde. Des fumées s'en échappaient, s'élevaient dans les airs et, comme aspirées par le cratère, allaient se mélanger à celles du volcan. Il devait être midi et il allait désormais falloir passer à autre chose.

« Notre tête est ronde pour permettre
à la pensée de changer de direction. »
Francis Picabia

Des photos de femmes à poil et de la Sainte Vierge coexistaient pacifiquement dans la cabine. C'était un vieux camion Dina complètement pourri, chargé de douze tonnes d'annuaires et d'un chauffeur en marcel. Il m'avait pris à hauteur d'Aguascalientes, direction San Luis Potosi. On dépassait difficilement le 15 km/h dans les montées. Les kilomètres défilaient malgré tout, avec leur cortège de chiens morts.

— On a un gros problème de chiens ici. Il y en a trop, moi je les vise. Je m'en fais quatre ou cinq par mois, fanfaronnait-il alors que nous passions pile sous le tropique du Cancer.

Ça me rappelait que toute cette histoire avait commencé avec un chien mort. Depuis, j'en avais fait des bornes avec des bourrins dans son genre. J'avais été pris en stop par des flics, des taxis, des camionneurs qui alternaient cocaïne et antidépresseurs pour conduire deux jours et deux nuits sans s'arrêter. J'avais usé deux hamacs, cassé douze cordes de guitare, vidé un pétrolier de tequila. J'avais vécu pieds nus sur le sable fin des Caraïbes, j'avais joué de l'harmonica sous les soleils roses du Pacifique.

J'étais sur la route du Nord. Mais j'avais une dernière halte à faire dans ce monde-là. Une langue de désert cernée de montagnes, surplombée par un village au nom chargé de racontars. À mi-chemin des deux océans.

Real de Catorce, ça s'appelle. On y accède par un tunnel de plusieurs kilomètres, à sens unique. Comme il est trop bas pour les bus normaux, il faut attendre, changer de véhicule et passer sous une montagne pas éclairée pour atteindre le village.

Real de Catorce, une ancienne cité minière devenue cité fantôme. Des rues en pente, quelques centaines d'habitants et des ânes qui braient toute la nuit. On ne s'imagine pas le bruit que peut faire un âne. Il y en a un qui commence, Chac[1] sait

1. Dieu maya de la pluie

pourquoi, et ils s'y mettent tous, avec les chiens. Ça résonne dans le silence glacé de la nuit, contre les pavés glissants, ça franchit les murs en ruine et ça se perd dans les ruelles tortueuses et les vallons.

Au XIXe siècle, Real fournissait une bonne partie de la production d'argent du pays. Puis les catastrophes s'étaient accumulées, les veines s'étaient taries et les gens étaient partis, sauf Brad Pitt qui a acheté une maison dans une rue en pente. Sur le flanc de la montagne, un immense smiley dessiné à la craie et visible à des kilomètres accueille le voyageur. Du land-art de tripé.

Parce que Real de Catorce, on y vient pour ça. C'est sur le passage d'un lieu de culte. À Pâques, les Indiens Huicholes viennent du Jalisco et du Nayarit, à des centaines de kilomètres de là, puis descendent dans ce désert où ils n'habitent pas du tout. Ils viennent célébrer le peyotl, ce cactus chargé en mescaline popularisé en Occident par Artaud et Castaneda [1]. Pour les Huicholes, c'est un aliment, une drogue, un dieu. C'est à la fois le pain et le vin des catholiques. Ils font leurs provisions ici et repartent avec des sacs entiers. Ils en bouffent plein, à longueur

1. Il s'agit ici de Carlos Castaneda, écrivain ayant suivi l'enseignement de chamans indiens, et non de Jean Castaneda, gardien de but de l'AS Saint-Étienne dans les années 1980.

d'année. Les gamins en prennent dès le plus jeune âge. Ce qui fait que les Huicholes sont un gros peuple de défoncés, comme l'atteste leur art pictural, magnifique et kaléïdoscopal, avec des couleurs qui viennent de loin. Leur musique est en revanche assez déconcertante, avec ses violons crincrin et ses percussions hasardeuses.

Si certains des groupes indigènes du Mexique peuvent paraître ombrageux, les Huicholes ont le rire facile, ce qui est bon pour la santé. On peut même dire qu'ils ont l'air de planer en permanence. Ils font preuve d'une condition physique étonnante, caractérisée par une grande endurance qui fait d'eux de très bons arrières latéraux. Leur culture est remarquablement préservée, bien qu'ils aient eux aussi intégré une forme de catholicisme à leurs rituels ancestraux. Les Huicholes vivent dans des communautés reculées, dans le fond des montagnes où ils ont fui devant le conquérant espagnol quelques siècles plus tôt. Cette culture est évidemment en train de se diluer avec l'urbanisation croissante des jeunes qui, à l'instar de Santos, s'exilent pour aller devenir alcooliques dans les mégalopoles.

C'était le soir et le froid mordant de l'altitude m'a rappelé qu'il fallait trouver de quoi dormir.

Un gamin m'a indiqué la maison de Don Manuel que je trouverais facilement. J'ai pris la rue à gauche et c'est Don Manuel qui m'a trouvé, planté dans son jean et ses tiags. Il avait le débit tranquille, l'œil roublard et les dents pourries. Il m'expliqua que je pouvais dormir par terre sous un toit pour vingt pesos. Un plan roots comme j'avais l'habitude. Je posai mon duvet sur une dalle glaciale dans une pièce fréquentée par des rongeurs avant d'aller faire un tour dans l'arrière-cour. Là où il y avait de la vie. Une équipe de travellers, une petite dizaine, Italiens pour la plupart, posés ici chez Don Manuel pour des périodes variables. Ils préparaient des tartes dans un vieux four à bois. Un tout jeune Napolitain sculptait des pipes « à offrir, pas à vendre ». Une belle Argentine en pull bariolé perfectionnait sa technique au bâton de feu alors qu'un pur flamenco de Jerez remplissait le ciel. La plupart d'entre eux étaient habités d'un silence lourd, comme respectueux du chant des étoiles soutenu par le mystère des rythmes andalous. Peut-être avaient-ils perdu leur cerveau une nuit d'orage.

Le seul qui parlait valait surtout le détour par le choc visuel qu'il proposait. Un vieux babacool avec des cheveux blancs frisés, des lunettes rondes dépassant d'un visage fatigué et mangé par la barbe. On voyait tout de suite qu'il était cramé. Il s'appelait Robert, il était canadien et fier de ses 59 ans. Il disait vivre de cueillettes dans les bois du Saskatchewan l'été avant de venir à pied jusqu'ici pour passer l'hiver. C'était sa vie sociale ici, aux portes du désert, expliquait-il.

— Ils sont fous, ils sont malheureux et ils ne le savent pas, les gens, ceux qui vivent en ville. Mais moi, je suis un sorcier.

Encore un. Il s'agitait beaucoup, préparait du thé toutes les deux minutes. Son rôle de patriarche lui tenait à cœur. Mais de toute évidence, il broutait tout le monde avec ses histoires de spirales de conscience et d'astrologie byzantine. Son élocution était exaltée, hasardeuse. Il mélangeait quatre langues et c'est encore le québécois que je comprenais le moins bien. Il m'a raconté sa vie, ses tours du monde en épisodes aléatoires et hallucinés. Il revenait sans cesse sur l'histoire de son fils de huit ans qu'il avait abandonné parce qu'il voulait aller à l'école. Une vingtaine d'années plus tôt.

— Je ne l'ai jamais revu mais je sens qu'il est pas loin, ici au Mexique, on va se rencontrer tout bientôt, je le sens. T'es pas né à Lisbonne ? Mon fils est né à Lisbonne, il doit avoir ton âge. T'es pas né à Lisbonne ?

Son discours était entrecoupé de longs décrochages silencieux durant lesquels il était loin. C'était pathétique. Il avait bugué, papy-cool. Ça rappelait ce poncif sur Katmandou : « Il y en a beaucoup qui sont allés se trouver là-bas, il y en a pas mal qui se sont perdus. »

Lui, il n'était pas revenu à temps pour être enseignant syndiqué comme tout le monde. Il aurait pu avoir une vie tranquille d'abonné à *Télérama*, militer pour le macramé en compagnie d'une épouse vétéran de la macrobio. Il aurait peut-être même pu avoir l'autodérision nécessaire pour assumer sa folle jeunesse et vivre son présent dans le monde des vivants. Mais non. Il avait pris quelques acides de trop et certaines portes s'étaient mal refermées. Il était seul pour toujours.

Les autres ne parlaient toujours pas. Ils écoutaient la musique, religieusement.

Le smiley était toujours là au lever du jour, muet lui aussi. Maintenant que j'étais bien monté sur la montagne, je pouvais m'abattre sur ce désert dont on m'avait parlé dans tous les termes. J'ai longé pendant des heures un ravin qui étranglait une rivière asséchée et jonchée de détritus. Sur ce chemin étroit et sale, je n'ai croisé qu'une personne : un petit vieux habillé en blanc avec un sombrero, monté sur un âne qui avançait péniblement. C'était peut-être l'ultime spécimen vivant du cliché du Mexicain de western. Arrivé au village, il allait certainement pousser la porte battante d'une cantina et dire « tequila » avant d'aller faire la sieste sous son chapeau.

Le soleil montait, je descendais. Il changeait de couleur, et moi aussi. Le chemin s'est aplati progressivement pour laisser la place, après un ultime monticule, à une nouvelle lumière, hégémonique. Le désert. Pas du sable, pas des dunes. Un horizon coincé entre deux sierras, parsemé de cactus et de buissons, de caillasses et de poussière. Une platitude ennuyée, empalée par une voie ferrée. Deux fois par jour, un convoi long de cent wagons et de plusieurs kilomètres passe déranger les crotales. Ça secoue le désert pendant une heure puis tout redevient silencieux. Au même moment, au Groenland, un Inuit se suicide parce qu'il n'a pas vu le soleil depuis des mois.

J'ai marché. J'étais venu pour ça, marcher dans le silence. Un peu pour aller jusqu'au bout. Au bout de quoi, je le savais pas. Juste voir si c'est seulement possible d'aller au bout de quelque chose, pour une fois.

J'ai marché, peut-être quinze kilomètres en suivant les rails jusqu'au pueblo. Ça s'appelle San Francisco et le chemin s'arrête ici.

Dix maisons et de la poussière. Deux chiens. Une vieille à la fenêtre. Une toute petite vieille. Toute petite. Toute vieille. Pliée en plusieurs morceaux. Elle ne pouvait pas peser plus de quarante kilos. Je lui ai demandé à boire.

Elle avait 97 ans et vivait ici toute seule, Dona Sarah. Son mari était mort voilà trente ans. Elle louait deux chambres aux routards de passage. C'était pas souvent. Sur les murs, sur tous les murs, des dessins de peyotl, des aphorismes psychotropes. Les chambres étaient moisies, pas entretenues. La Dona était quasiment aveugle et pouvait à peine se déplacer, alors le ménage fallait pas trop y compter. Les gens du coin devaient l'aider. Elle vivait dans un placard avec sa fenêtre, c'était plus simple pour les déplacements.

Elle arrivait à se faire du café et quelques tortillas en guise de nourriture. Ça faisait quatre-vingt-dix-sept ans qu'elle se levait à 5 heures. Elle se couchait avant le soleil, épuisée, sans jamais savoir si elle verrait le soleil prochain. Elle n'était jamais allée plus loin que Matehuala, à trente kilomètres de là. Et encore, il y a des décennies. L'électricité était arrivée à San Francisco, depuis peu. Mais elle était désormais trop vieille pour bien comprendre ce que pouvait être une télévision.

Je suis resté deux jours chez elle, à faire ses courses à la petite tienda, à l'écouter parler de sa vie, de sa descendance si nombreuse qu'elle ne savait plus combien d'arrière-petits-enfants elle avait. La plupart ne pouvaient pas venir la voir parce qu'ils travaillaient loin, en ville.

Elle n'était pas surprise que je reste là avec elle. Elle ne me posait pas de questions. Elle s'en foutait de ma vie. De toute façon, elle ne pouvait pas imaginer ce que pouvait être mon monde. Je me berçais de l'illusion de pouvoir comprendre le sien. Elle n'avait plus de regard, à peine deux fentes, discernables entre les rides. Elle était belle. Un légume en plus émouvant.

Un troisième jour s'est levé derrière la sierra et j'ai rassemblé mes affaires. La vieille Dona Sarah a fait l'effort de lever ses mains tremblantes jusqu'à mon visage, les a posées sur mes joues pour dire :

— Que te vaya bien.

Une petite larme s'est glissée entre ses rides. Une autre a disparu à la commissure de mes lèvres.

Je me suis enfoncé dans le désert, là où il n'y a plus de chemin, plus d'électricité, plus personne pour emmerder les cactus. C'est bien foutu un cactus. Certains mesurent jusqu'à vingt mètres. À première vue, ça peut passer pour un gros concombre planté à la verticale, mais c'est beaucoup plus malin que ça. Il pleut une fois par an (les bonnes années) et ça sait retenir l'eau pendant des mois. Le désert grouille donc de réservoirs d'eau, bien défendus par leurs épines. C'est plein de vie par ici.

— Les serpents à sonnettes attaquent ; et leur morsure est mortelle, m'avait prévenu Robert.

Mais il m'avait aussi fait jurer de ne jamais tuer les tarentules rouges, sinon elles se vengeaient en envahissant ta maison par millions. Cela dit, je n'ai pas de maison.

J'ai encore marché longtemps et transpiré

beaucoup. Le soleil me cognait sur la gueule avec un acharnement que je ne lui connaissais pas. Mon corps était douloureux avec des tensions à chaque pas. J'étais seul au milieu du vide. Il pouvait m'arriver n'importe quoi, personne ne pourrait rien pour moi. Ça avait le mérite d'être clair. Appeler au secours dans la foule ou dans le vide revient à peu près au même.

J'étais complètement flapi quand l'oasis apparut. Quelques arbres capables de procurer de l'ombre et une flaque de ce qu'il aurait été exagéré d'appeler de l'eau. Une sorte de mare boueuse d'un centimètre de fond. Je posai mes petites affaires avant de me plonger dans l'ingestion d'un sandwich de ma confection, et donc plutôt dégueulasse. Je fixai mon hamac entre deux arbres qui m'inspiraient confiance. J'aurais bien voulu piquer une sieste mais j'avais une mission importante à réaliser avant la nuit. Robert-le-vieux-cramé m'avait indiqué à quel endroit trouver le peyotl : vingt mètres à droite après le grand arbre, vers le cactus tordu. Par là.

J'ai cherché une heure sans résultat. C'est enfoui comme cactus, le peyotl, quasiment souterrain, caché sous des arbustes. J'avais des épines sur les genoux, dans les mains, à proximité des testicules, ça devenait dangereux. Je me décourageais un peu quand soudain : un petit chapeau vert qui dépasse au pied d'un buisson.

Ç'en était. Et il était pas seul. En quelques minutes de cueillette (geste ancestral ayant nourri les débuts de l'humanité), j'avais une bonne livre, de quoi retourner douze cas de conscience.

De retour à mon camp de base, j'ai noté une présence. J'ai tout de suite reconnu les sandales et la personne qui se trouvait dedans. Arturo. Mon ami de Mérida. C'est lui qui m'avait parlé de cet endroit en premier. Il était seul, sur une branche d'arbre, souriant. Il croyait pas au hasard de notre rencontre ici et maintenant. Il disait que c'était écrit. Moi, je m'en foutais que ce soit écrit ou pas, ça me faisait plaisir d'être avec lui.

Il connaissait le coin Arturo. Il avait fait le pèlerinage de Pâques avec ses potes Huicholes. Il venait ici de temps en temps pour réinitialiser son cerveau. Ça a pris des heures de se raconter nos aventures. Il venait de faire un grand voyage qui l'avait conduit dans l'État de Jalisco, où il avait ramené Santos chez sa mère. Trois semaines plus tôt, il avait assisté à une grande célébration religieuse rassemblant des Indiens de tout le Mexique sur les pyramides de Teotihuacán [1]. Un chaman influent avait fait un rêve et avait décrété la réunion là-bas pour l'équinoxe, deux semaines

1. Site archéologique mexicain le plus visité, construit par un peuple inconnu il y a environ vingt siècles.

plus tard. Cinq mille personnes. Parce qu'un mec a rêvé. La classe.

Un soir orange tombait dans la poussière. Notre petite cérémonie personnelle allait pouvoir commencer. Nous étions prêts pour notre partie d'âme en l'air.

Le feu était en place, avec une bonne provision de branches collectée sur les arbustes piquants. Arturo a craqué une allumette et le foyer s'est embrasé. Il faisait les choses comme il faut. Il avait ramassé un gros paquet de pierres pour les disposer en cercle. C'était pour nous protéger des animaux, des mauvaises influences extérieures et des aléas du destin. Il a entamé une prière rituelle, avec salut révérencieux à notre mère la Terre et tout le tintouin. Puis il a mis de côté le premier peyotl récolté en expliquant qu'il fallait faire attention à lui. C'était notre protecteur.

Le peyotl se mange cru, nature, tel quel. On l'épluche à peine. J'en avalai un premier de la taille d'une balle de golf. Ça a un goût de terre, vraiment mauvais. Puis un deuxième, accompagné d'une pomme. La température était sérieusement descendue. La nuit était noire et trouée par les flammes. Arturo était radieux :

— Une fois, ici même, une étoile a planté son faisceau au milieu de mon front. On a communiqué toute la nuit.

C'est vrai qu'elles brillaient plus fort ici les étoiles, à en donner mal à la tête, comme si elles voulaient me faire avouer quelque chose. Arturo feuilletait le *Yi King*, le livre des transformations, avec quelques brindilles à portée de main pour consulter les oracles. Il entrecoupait sa lecture de considérations personnelles sur la nécessité de prendre ses distances avec Babylone.

J'ai vite ressenti le besoin de faire l'amour à un arbre. Je suis sorti du cercle, j'ai entendu une porte claquer et je suis monté sur une branche accueillante. Je me suis allongé et j'ai collé ma joue contre l'écorce. Je captai très clairement la respiration de l'arbre et sa circulation. Ses branches tamisaient le vent pour souffler des airs de Billie Holliday.

Le ciel était clair, les étoiles pétillantes et pourtant tombait sur ma face de ravi la plus douce des bruines. Toutes les cellules de mon corps étaient stimulées par l'existence du mot bruine, qui est joli.

Bruine
Floc
Bruine
Cogne et couine
Floc
Tréplégies indignes
Au doux pis des tarines
Bruine
Floc

Bruine
Chante et dessine
Floc
Mélodies assassines
Sur mon cœur mandarine
Bruine

Arturo me rappela son existence en éclatant de rire. Il était resté dans le cercle.

— Tu la sens ?

— Pardon ?

— La pluie.

C'est vrai qu'il n'y avait pas de nuages.

— Rentre dans le cercle, tu vas voir.

J'obtempérai. J'ai vite compris ce qu'il voulait dire, il ne pleuvait pas dans notre périmètre. Très surprenant cette histoire de pluie sélective, d'autant que je n'avais pas du tout l'impression d'être défoncé. Il s'agissait peut-être d'une histoire de microclimat mental, d'une mini-dimension parallèle. Une sorte de trou noir. C'était troublant.

J'étais en train de gamberger là-dessus à la vitesse du photon, et je trouvais le champ de conscience de l'Homo sapiens tristement tellurique. Nous avions des excuses. Nous avions toujours vécu les pieds sur terre et nos spéculations naissaient dans le consensus d'un monde clos. Bien-mal, yin-yang, gauche-droite : nos systèmes fondateurs étaient binaires. Calqués sur le cycle jour-nuit rythmant nos vies terrestres. L'influence de la nature sensible sur les bases de nos schémas mentaux était flagrante. Pourtant, cette pensée terrestre pouvait être différente d'une pensée universelle, si on voulait bien se donner la peine d'envisager l'existence de cette dernière.

Le cycle jour-nuit représentant une énergie dérisoire rapportée à celle de l'univers infini, il serait sûrement utile d'imaginer un système s'appuyant sur l'intuition d'une vision spatiale, éclatée dans le cosmos. Extraire la pensée de l'homme de son cadre naturel. Partir à la recherche d'une conscience humaine mais extraterrestre. Plongée dans un environnement où le jour et la nuit n'ont même pas de signification, l'humanité s'envisagera différemment.

Bon, ça reste théorique. Ça risque de ne pas être simple à vérifier. Cela dit, les progrès de l'exploration spatiale semblent indiquer que l'homme n'est pas condamné à vivre sur terre. On pourra faire des expériences sur le grand nombre et le long terme. On enverra des philosophes dans l'espace, si ça intéresse quelqu'un. On verra le monde du ciel, où l'œil, enfin éclairant sur toute sa surface, de tout son volume, de toute sa densité, sera l'outil de la réunification de la pensée et du cosmos.

J'avais un peu chaud à la tête à vouloir élargir notre champ de vision. Quant à mon corps, il était bien, plein, chargé positivement, épanoui. Il faisait zéro degré et je ne ressentais pas le froid. Je brisais les branches épineuses pour entretenir le brasier et mes mains ne saignaient pas. Arturo était immobile. Il bloquait sur les danses du feu. Les flammes pénétraient son regard ahuri. Il n'était plus là. Il reviendrait.

C'est là que j'ai commencé à parler de Dieu comme si c'était un pote. Jusqu'à présent, pour moi, Dieu, c'était un mot.

Quand on est enfant, on se pose des questions sur le pourquoi du monde et on cherche de l'aide auprès des adultes qui répondent des conneries parce qu'ils n'en savent pas plus. Vers l'âge de 7 ans, j'avais élaboré une théorie posant que l'Univers était une tasse de café. Les astres tournoyants étaient les grains de sucre agités par la cuillère de quelque géant. Le monde prendrait fin à l'heure où celui-ci déciderait d'avaler son jus avant de repartir pour une après-midi de travail. J'extrapolais sur les correspondances temporelles entre ces deux dimensions : les cinq minutes de la pause-café du géant devaient équivaloir à quelque chose comme cinq milliards de nos années. J'étais bien conscient de l'invérifiabilité de mon hypothèse dans l'état actuel de nos connaissances, mais j'étais satisfait comme on peut l'être devant un pot de Nutella après l'école.

Vers l'âge de 7 ans et deux jours, une révolution pis que copernicienne vint bouleverser mon modèle, qui n'intégrait pas la question de la création des géants. J'imaginai aussitôt que le géant vivait lui aussi sur une planète-grain de sucre dans la tasse de café d'un géant vraiment très grand. Ça ne nous menait pas loin : on se heurtait au même problème en plus grand et à perpétuité, comme quand on met deux miroirs face à face.

J'avais alors admis que le mystère de la création et la distance de l'infini étaient des concepts hors de portée de la conscience humaine et je retournai jouer aux billes avec mes crottes de nez. Depuis ce jour-là, j'étais en paix sur ces questions : j'avais assimilé notre insignifiance et je n'avais plus peur de la mort.

Plus tard, je me suis intéressé aux religions, mais ça n'avait pas grand-chose à voir avec Dieu himself. L'idée monothéiste était bidon. C'était grossièrement calqué sur les structures familiales patriarcales des sociétés dans lesquelles elle s'était développée. Un père barbu tout-puissant, le fils qui prend la relève, les autres vos gueules.

Ce soir, pendant qu'Arturo était revenu pour préparer une infusion de peyotl, j'avais célébré le grand retour de Dieu dans le champ de mes possibles, sous un nouvel angle.

Il y a un ordre dans tout ce bordel. Porté par le syncrétisme traînant dans l'air, je me laissai aller à rapprocher mon background judéo-chrétien (un seul Dieu le père) de mon environnement panthéiste (chaque particule est divine), pour élaborer une nouvelle théorie modestement destinée à révolutionner l'histoire des idées : nous sommes le cerveau de Dieu. Tous autant que nous sommes : humains, animaux, végétaux et poussières. Tout ce qui est fait partie des immensément complexes circuits neuronaux de Dieu, qui est farceur mais pas con.

Dieu n'est pas tout-puissant, voyons. Sinon, il ferait moins de conneries. Il ne nous contrôle pas. C'est une affaire d'interconnexion vitale entre lui et nous. Dieu est un gros bonhomme pataud, gaffeur. Sa santé est fragile : regardez son monde. Vu l'accélération de l'histoire des hommes, on peut affirmer sans crainte que Dieu est en peine évolution. Peut-être est-il adolescent. Les guerres sont ses cauchemars. Hiroshima une poussée d'acné. Le Flower Power son premier baiser. Si ça se trouve, Dieu n'a jamais tiré sa crampe. Le jour J, quand il caressera pour la première fois les seins doux et chauds de la déesse de l'amour, on verra une grande vague de bonheur déferler sur la création. Ce sera peut-être ça l'avènement du surhomme, Dieu devenant homme. Peut-être suis-je également, après mûre réflexion, un petit peu défoncé.

J'avalai une tasse d'infusion à la mescaline qui me donna une puissante envie de marcher. J'ai pris mes jambes et je me suis enfoncé vers ce que j'estimais être la bonne direction.

J'ai marché sans savoir combien, j'ai même couru. J'ai croisé tous les animaux du désert, tous. Je sentais bien leur présence et le pacte de non-agression tacite qui régnait entre nous. Je m'arrêtais parfois pour capter une direction, choisir le chemin le plus porteur. Mon corps était en ébullition, traversé de flux permanents et multidirectionnels. Je partais dans tous les sens et je continuais ma route. Une nuit est passée dans l'intervalle, durant laquelle j'ai vécu plusieurs vies en faisant sept fois le tour de toutes les questions. Il s'est passé beaucoup de choses dont je ne me souviens pas. Mais je sais que j'ai pu mettre des mots sur ce que je savais depuis toujours.

En explorant ma mémoire intra-utérine m'est revenue la phrase d'un ami philosophe et kabbaliste tunisien pour qui le fait de chier dans le désert constituait une étape importante de l'expérimentation mystique. Je m'exécutai, de mes flancs alourdis déchargeai le fardeau, le nez fixé sur l'étoile Polaire, en contact avec les éléments, relié au cosmos par une vibration permanente et à la terre par une merde noire, imposante et salvatrice.

Je contemplai mon œuvre, fier comme un enfant qui n'a pas raté son pot. J'ai entouré le tout d'un cercle de protection et j'ai baptisé ma création « bathakah » : la liberté qui surgit des ténèbres.

Je ne sais pas si j'ai dormi. J'ai retrouvé le camp aux premiers frémissements de l'aube. Arturo, debout, parlait dans une langue inconnue. Deux chiens pelés étaient allongés dans le cercle, près de ce qu'il restait de feu. J'étais maintenant épuisé, desséché. Mes mains étaient écorchées des stigmates d'une nuit exaucée hors de mon corps.

Je suis mort cette nuit-là d'une certaine façon. À partir de ce moment, je suis prêt à renaître. Prêt à retourner affronter ma réalité, l'Occident.

« El viento viene, el viento se va, por la frontera El hombre viene, el hombre se va, sin mas razon. »
Manu Chao, *Por la carretera*

De nuit et de loin, un grand mur de lumière coupe la cité en une ligne brisée. Ciudad Juárez, État de Chihuahua, est une chienne de ville frontière, bordée de cactus au sud et de barbelés au nord. Après les barbelés, de l'autre côté, El Paso, Texas, où la sodomie est illégale.

Alexandra a grandi ici, côté sud. Elle est partie pour Mérida, à l'autre bout du pays. C'était il y a six ans. Elle ne voulait pas passer sa vie dans une maquiladora. L'ambiance est pas terrible par ici. Ces dernières années, trois cents femmes ont été assassinées façon boucherie. Jamais de coupables. C'est suffisant pour ne pas avoir envie de revenir.

— Je vais aller à New York. J'ai ma sœur là-bas.

— Roule un pétard en attendant.

— J'ai plus rien. Faut que j'appelle.

Elle sortit une carte du tiroir de son bureau et appela son contact. Ça avait l'air d'une carte de visite presque conventionnelle. Ça disait : « matériels pour supporter la réalité, 24 heures sur 24, 7 jours sur 7 ». Suivaient deux numéros de portable et un e-mail. Une demi-heure plus tard, le mec sonnait à la porte et déposait un gros sac d'herbe pour le prix de deux paquets de Marlboro.

— Il s'appelle Luis. Il est dans le cinéma aussi. Je bosse avec lui parfois, il est doué. Il deale pour financer ses films.

— Oui, je le connais.

J'ai bloqué sur une carte de téléphone Telmex 50 unités. Au dos, la pub disait : « Si tu connais un coyote, dénonce-le. »

— Ils bouffent les lignes téléphoniques ?

— Abruti, les coyotes, c'est les passeurs. Ils prennent vingt cinq mille pesos pour te faire franchir la frontière. C'est cher. Et c'est risqué.

Le risque, c'est de mourir de soif et d'épuisement dans le désert pour atteindre le pays de l'abondance, abandonné au milieu des cactus par des passeurs moyennement philanthropes.

Je vais passer par la grande porte. J'ai un passeport européen. J'ai une nuit à tuer dans cette ville avant de passer de l'autre côté. Ciudad Juárez est une ville brûlante et violente, principalement constituée de bidonvilles qui mangent le désert. Les cartels ont le pognon, les politiques et les flics dans la poche. Il y a beaucoup de mouvement du fait des trafics et de l'afflux de cash venus du nord. La plupart des gens travaillent dans l'assemblage de pièces détachées dans des usines situées côté mex. Les produits feront quelques centaines de mètres, passeront la frontière sans difficultés et seront finis dans les usines côté US. Comme à Tijuana, des Américains passent la frontière le samedi soir pour prendre du bon temps et sodomiser de jeunes gens en toute légalité.

Je suis l'homme blanc qui marche seul le soir dans les rues de la ville, je suis donc un Américain en quête de sensations moites. Un lascar m'agrippe et m'explique en anglais qu'ici c'est les plus belles filles, saines et pas chères. Je l'écoute une minute avant de lui répondre en espagnol que je ne parle pas anglais.

Je voudrais boire quelques bières au calme, mais il n'y a que des bars à putes. Je m'engouffre au hasard dans un bouge pour Mexicains et m'affale sur une banquette. La musique est trop forte et les strip-teaseuses trop jeunes. Je commande une Corona et le serveur m'en amène deux. Un petit gros avec une tête et une casquette de routier lèche les seins de la gamine qui danse sur scène avant de lui glisser un billet de cinq dollars dans le string. Applaudissements, cris rancheros. À la table d'à côté, un vieux tripote pour pas cher une grosse rombière venue arrondir ses fins de mois. Je vide mes bières vite fait et ressors dans cette rue où il y a une fille par mètre.

C'est Sodome et Gomorrhe ici. Un rabatteur arpente le trottoir en chantonnant la même mélodie que les vendeurs de briquets dans le métro de Mexico. Le texte est différent :

— Coca, putas, speed, motta. Todo bueno y barato.

Je rentre dans un « club » qui se veut un peu plus classe avec des lumières rouges et des videurs en costard. Un show de lesbiennes qui s'ennuient en se roulant des pelles autour d'une barre.

À peine assis, deux filles en porte-jarretelles rouge viennent me proposer leurs services que je n'ai pas envie de m'offrir. Juste à côté, un gros nerd texan de 18 ans et quatre-vingt-quinze kilos, rouge à crever d'excitation. Ses boutons d'acné explosent un à un sous la pression. Une fille le prend par la main et va abréger son calvaire. Le show se termine. Un petit vieux en costume blanc, très digne, vient essuyer avec un chiffon la barre où se frottent les filles. Il fait ça entre chaque numéro, consciencieusement. Puis il se retire d'un pas alourdi par l'âge. Il dénote. Il était peut-être cireur de chaussures avant de faire sa retraite au bordel. Le boss surveille tout ça d'un air sévère, avec la moustache et le cure-dents réglementaires. Petite main au cul au passage de chacune de ses esclaves.

C'est curieux, l'aboutissement de l'odyssée de Kerouac, c'est une virée dans un bordel mexicain. D'un tourbillon de débauche il a fait des bouquets de mots. De belles pages. Ça devait être transgressif dans les années 1950. Mais un bordel mexicain aujourd'hui, ça n'a rien de rock'n'roll. C'est une industrie qui sent le vieux foutre et la tequila frelatée. Moi, les putes, rien à faire. Ça me fait pas bander. La prostitution est au sexe ce que le karaoké est à la musique. On se fait croire que, et ça soulage deux minutes. Où est le fun ? La réponse est peut-être à chercher du côté de chez Joe Dassin qui, derrière la fêlure du poète, bourrait des putes :

« Ma demoiselle de déshonneur
Mon premier amour d'un quart d'heure. »

Le gros nerd revient au bout de trois minutes avec ses cheveux gras et un sourire triomphant. J'en ai assez vu. Je vais aller vomir mes Coronas dans un coin avant de rentrer à ce qui me sert d'hôtel.

Je pensais qu'une branlette vite expédiée m'aurait aidé à trouver le sommeil du juste mais il n'en est rien. Il fait trop de degrés et mes draps sont trempés de sperme et de sueur. Le ventilateur ne marche pas.

Je suis maintenant comme collé au lit par une faiblesse sous-humaine. On s'agite dans la pièce d'à côté. Des conspirateurs passent des coups de fil en me surveillant. Je comprends vite qu'ils m'ont kidnappé pour s'emparer de mon potentiel génétique, faire de moi un cobaye comme dans une mauvaise SF et le pire, c'est que ma propre sœur est dans le coup, c'est elle qui m'a dénoncé; bien sûr j'essaye de m'évader, mais mes pas sont trop lourds, je n'avance pas assez vite et je sais qu'ils vont me rattraper pour vider mon cerveau dans une éprouvette, me réduire à l'état de sous-merde, je vais changer de nature et j'ai tellement peur que je me réveille.

Rien de pire que ces cauchemars atroces où le danger n'est pas défini mais inévitable. Rien d'aussi effroyable que le danger qui vient de l'intérieur. Ça te poursuit en plein soleil.

J'étais donc bien secoué au moment de récapituler mon programme pour l'après-midi : franchir la frontière. Il faut remonter l'avenue qui mène à ce pont étrange. Il passe au-dessus du Rio Grande à sec qui marque la délimitation entre les deux pays. Berlin avait son mur, Ciudad Juárez-El Paso a son fossé, son gouffre béant qui engloutit des vies entières et des tonnes d'espoirs. Dans le lit de la rivière patrouillent des hommes sévèrement armés de fusils-mitrailleurs. Le pont lui-même, long d'un kilomètre, est hérissé de barbelés partant de chaque côté et qui se rejoignent pour faire du pont un tunnel à l'air pas tout à fait libre, duquel on peut voir les oiseaux franchir la frontière sans passeport, tranquilles. Pas de contrôle côté mex. J'arrive devant les sbires assermentés gardant les portes de l'Empire.

— Vous êtes français. Hum, alors disons que j'aime vos frites et vos baisers, susurre douanier gentleman numéro un.

Je fais ma gueule de bon jeune avant de me diriger vers le guichet de l'immigration. Bureau trop climatisé. Un gros chicanos à l'air mauvais me fait passer l'épreuve écrite. Sur un joli papier rose, je dois répondre à certaines questions. Mon instinct de survie m'indique qu'il serait de bon ton que je réponde « non » à chacune d'entre elles.

— Avez-vous été ou êtes-vous membre du Parti communiste ?

— Avez-vous été ou êtes-vous membre d'une organisation terroriste ?

— Avez-vous déjà projeté d'assassiner le président des USA ?

Ce genre de trucs. Je m'applique et je rends le papier rose.

— Il faut le remplir en noir, pas en rouge, grommelle douanier connard numéro deux.

Je remplis le papier une deuxième fois, en essayant de me remémorer consciencieusement si j'ai déjà eu des projets d'attentats contre le président des USA, pour faire les choses comme il faut. Mais non, je suis irréprochable. Je reviens à la charge avec mon papier rose rempli en noir.

— Mouais. Pourquoi vous venez aux USA ?

— Tourisme.

— Mouais, vous pouvez le prouver ?

— Ben, j'ai un sac à dos.

— Mouais, mais pourquoi vous venez aux USA ?

Ça va pas être aussi simple que prévu.

— Je crois que c'est un pays formidable et intéressant à visiter.

— Mouais. Et vous allez où ?

— À San Francisco.

— Vous êtes pédé ?

J'ai envie de lui répondre un truc concernant sa femme, mais je crois pas que ça me fera gagner du temps.

— Heu, non, pas pour l'instant.

— Mouais, alors pourquoi vous voulez aller à San Francisco ?

— Je crois que c'est une ville formidable et intéressante à visiter (connard).

— Mouais, où est-ce que vous allez loger là-bas ?

— Ben, dans une auberge de jeunesse, j'imagine.

— Non, ça, ça marche pas, il me faut une vraie adresse. Vous comprenez, tous ces terroristes ils font pareil, ils donnent des adresses d'hôtel et on ne peut pas retrouver leur trace, après.

— Je comprends bien, c'est un vrai problème. Mais en même temps, vous voyez bien que je suis pas un terroriste, hein ? Je suis un touriste.

— Moi, j'en sais rien qui vous êtes, on n'est jamais trop prudent.

Il a raison, on n'est jamais trop prudent. Du coup, je vais m'adapter à sa logique et je vais l'attaquer par le flanc.

— Alors, je vais chez une amie, qui habite vers le Golden Gate.

— Ah, dans ce cas-là, vous l'écrivez sur le papier, comme ça on pourra retrouver votre trace.

Et ouais, logique.

— Et vous allez faire quoi à San Francisco, alors ?

(Je vais dans le quartier gay pour m'inscrire au Parti communiste.)

— Je crois que je vous l'ai déjà dit.

— Alors, vous allez faire quoi ?

(Je vais me faire pousser la barbe et je vais sodomiser le président des États-Unis en chantant l'*Internationale.* Et je vais fumer des clopes dans un McDonald's.)

— Je vais visiter.

— Mouais, et combien de temps vous comptez rester ?

— Je sais pas trop, quelques semaines, au plus.

— Mouais, vous n'y allez pas pour travailler ?

— Non.

— Et vous avez de l'argent ?

— Oui.

— Combien ?

— Là, dans les cent dollars.

— C'est pas suffisant pour rester quelques semaines.

— Certes, mais j'ai une carte bancaire.

— Je peux la voir ?

Je sors le sésame. Connard jette un œil. Les parents de connard ont probablement subi de pires humiliations pour s'installer dans ce pays, mais il fait semblant de ne pas s'en souvenir.

— C'est bon, vous pouvez passer.

J'avance vers la sortie sans trop y croire. Il m'a fait chier une heure et n'a pas fouillé mon sac. J'aurais pu passer cinq kilos de cocaïne, de l'uranium enrichi, du jambon cru, n'importe quoi.

Je fais quelques pas de ce côté, de l'autre côté. Les rues sont vides, calmes et mornes. Un immense panneau rouge et bleu :

« *Welcome to Texas* ».

Il faut vite que je me casse d'ici.

Je cours à la station de bus Greyhound. Dans la salle d'attente, des petits téléviseurs individuels sont accrochés à chaque siège. Un black employé de la compagnie avance en faisant difficilement dodeliner ses cent trente kilos de hamburgers. Les grâces de l'affirmative action.

Je m'installe dans ce bus moins confortable que ses homologues mexicains.

— Je vois que vous avez un passeport, vous êtes étranger alors ?

C'est mon voisin de siège, un vieux redneck dans une chemise à carreaux bleue. L'Amérique white-trash, pauvre, au regard mauvais. Son visage est sec, taillé à la serpe et on y lit la paranoïa sûre de son bon droit.

— Moi, j'ai pas de passeport. Je vois que vous avez une guitare, vous jouez du rock'n'roll ?

— Ça m'arrive. J'adore ZZ Top, fayotai-je par souci d'intégration.

Je crois qu'il m'aime bien.

— Vous allez à San Francisco aussi, c'est bien. Mais il faudra vous méfier, là-bas c'est plein de nègres, ils valent rien, ils font que mendier et ils sont dangereux.

C'était donc vrai. Ils existent.

— Moi, j'y vais avec mes fistons qui sont là derrière.

Il désigne deux gros adolescents au duvet naissant.

— Ma femme est morte d'un cancer. Avec mes fistons, on se promène toujours armé, on n'est jamais trop prudent. Là, (il tâte sa poche), toujours sur moi. Normalement, il faut les laisser dans la soute, mais on sait jamais, vous comprenez, avec tous ces nègres.

— Oui, oui, je comprends bien. Bon, allez, je vais dormir un peu.

Un bus Greyhound, c'est la cour des miracles. Les fistons boutonneux de mon redneck écoutent Tupac (un nègre) au baladeur. Un biker sans moto ronfle comme un porc. Des chicanas teintes en blondes et vulgaires comme des retraitées de la Côte d'Azur. Des Noirs fatigués, assis au fond du bus. Un couple de paumés, genre Sailor et Lula, veste en peau de serpent et blonde en lunettes noires.

Première pause hamburger, au Nouveau-Mexique. Sailor et Lula font leur numéro. Elle fait croire qu'elle est aveugle, il la guide pour descendre du bus avant d'aller baver des histoires larmoyantes pour soutirer des petits dollars à droite, à gauche.

Je remonte alourdi d'un royal with cheese et je n'arrive pas à dormir. La route est droite, large, longue, belle et monotone. Le Nouveau-Mexique s'efface, voilà l'Arizona. Pause à la station de Tucson. Une pensée pour Jojo qui est parti d'ici, quittant sa maison pour l'herbe californienne. Toujours les petites télés individuelles, plus un écran géant qui crache la météo locale. Il fera chaud. Un bébé girafe vient de naître au zoo de Phoenix. Remontée dans le bus. Le vieux redneck arrive à l'entrée en même temps qu'une Black squelettique et mal fagotée.

— Je vous en prie, lui dit-il avec un petit geste poli pour la laisser passer.

Elle monte en laissant échapper un rire bref et ironique.

J'ai sommeil maintenant. Pendant des kilomètres, des milliards de mètres cubes de rochers et de poussières défilent sous mes paupières fiévreuses. Je suis en train de faire l'amour avec une jolie blonde à quatre pattes, tout se passe bien. Soudain elle se transforme et je me retrouve avec un poulet plumé et décapité au bout de la bite. Pas terrible mon Arizona dream.

Les bords de l'autoroute commencent à se remplir de milliers d'éoliennes gigantesques. Nous passons un pont et le désert s'estompe instantanément. Le paysage devient verdoyant, cultivé, vaincu par l'homme, plein d'espoir. Le chauffeur, au micro :

— Mesdames et messieurs, nous atteignons maintenant la Californie. Dites : « *Yeah.* »

Et tout le monde, en chœur : « *Yeah.* » Sifflets, applaudissements, cris de joie. Toute l'Amérique réunie derrière le rêve américain. Ça dure une minute, puis la route s'élargit.

« Ne me sous-mésestimez pas. »
George W. Bush

Le troupeau de copines était venu prendre son brunch hebdomadaire pour faire le point sur les plans bite et parler chiffons. Trentenaires soignées, elles se nourrissaient de quiches végétariennes, de potins people et de formules féministes préemballées. On dit souvent que les Américains sont cons. C'est compter sans les Américaines.

— Ce soir, Paul m'amène chez Enrico's. Je vais mettre à l'œuvre mon programme sushi contre pussy.

Éclats de rire, Sex and the city. C'était donc ça les femmes américaines, arrière-petites-filles de celles qui faisaient fantasmer Freud et Céline.

Je les servais nonchalamment avec l'accent français histoire de. Je nettoyais mon comptoir en écoutant leurs babillages. Les Mexicains qui bossaient en cuisine venaient les mater discrètement pour agrémenter leurs sauces de commentaires graisseux sur ce que leur inspiraient ces mamelles avantageusement moulées dans les petits hauts de chez Diesel. Là, ça discutait fitness :

— Quand je fais mon jogging, pour rythmer ma foulée, je fais « *no-pain-no-gain* » ou « *co-ça-co-la* ».

Je fus immédiatement aspiré par la spirale du vide. En une phrase, elle avait résumé un demi-siècle de connerie. Un rêve d'écrivain, et sans faire exprès encore. Le règne de l'apparence et de la multinationale, la pensée rongée par la pub et l'illusion de la méritocratie, la rédemption par la souffrance : ça allait loin pour quelques mots, pour une anecdote qui se voulait anodine.

Elle s'appelait Joana et elle pouvait avoir cinq ou six orgasmes par rapport, sans forcer.

San Francisco. Elle habitait sans rire dans une maison bleue adossée à la colline. Des bannières étoilées trônaient aux fenêtres de la voisine. Partout, les magasins affichaient des stickers « *Proud to be an american* ».

— Tu es fière d'être américaine ?

Je demandai pour vérifier.

— Bien sûr que j'en suis fière.

Je ne voulais pas perdre mon temps à lui expliquer qu'être né quelque part, pour celui qui est né, c'est toujours un hasard. Je voulais quand même savoir comment elle était fière.

— Pourquoi ?

— Parce que nous sommes les leaders du monde.

C'est vrai. Ils assurent les Américains. Ils ont inventé l'ordinateur et le rock'n'roll. De tous les Américains, ce sont les Californiens les plus forts. Ils ont fait d'un désert une oasis, voire une jungle. À Hollywood, ils ont créé l'usine à mythes la plus fertile depuis la Bible.

San Francisco est une ville venteuse et vantarde. Elle a inventé la ruée vers l'or, le jean, le grand pont rouge joli, les hippies, les pédés, la nouvelle économie et le fortune cookie, vous rappelleront ses habitants en remettant leur écharpe. San Francisco est une ville de tribus qui cohabitent dans la décontraction. Les businessmen portent la cravate à l'aise downtown. Les homos s'amusent et s'organisent dans le Castro. Les Chinois vendent des babioles dans Chinatown. Les Mex s'agglutinent au fond de Mission et travaillent illégalement dans la restauration. Les Blacks habitent tellement loin qu'on préfère les regarder à la télé se flinguer entre eux dans Hunter's Point. Les milliardaires regardent tout ça en s'ennuyant du haut de Russian Hill. San Francisco est libérale, tolérante, ouverte à toutes les excentricités tant qu'on ne s'amuse pas à allumer une cigarette.

Le coffee shop était situé sur Haight-Ashbury. Jerry Garcia et sa bande traînaient sur ce crossroads, Janis Joplin aussi. C'est de là qu'est parti le Flower Power, en séchant les cours de la Berkeley toute proche. Aujourd'hui, les magasins de babacooleries où l'on vend des feuilles à rouler made in Bhopal jouxtent les enseignes de fringues de marque. Les restaurants branchés côtoient les librairies consacrées à Noam Chomsky. Les vrais zonards crados se cachent dans les poubelles pour faire le spectacle et gagner quelques cents auprès des hippies chics qui passent un temps fou à s'habiller négligé.

Il fait deux saisons par jour à S.F., le temps change d'une rue à l'autre. Ça permet peut-être d'expliquer la schizophrénie ambiante.

— Un jour, on a ouvert les portes d'un asile de fous et ça a donné cette ville, expliquait Joana, qui avait parfois des éclairs de lucidité.

Elle habitait dans le Lower Haight, juste à côté du Noc Noc, le dernier bar fumeur de Californie. Un programme de réhabilitation urbaine avait changé la face du Lower. Objectif mixité sociale. Ils avaient mis des logements pour pauvres en bas de la rue. Ça dealait tranquillement dans le bloc compris entre le disquaire soul et l'épicier libanais qui rendait la monnaie en regardant

Al-Jazira. Un groupe de Blacks passait son temps à faire semblant de jouer aux échecs sur le trottoir pour guetter les descentes de police. Un authentique melting-pot ce quartier, mix de bobo et de zulu-nation. Ça lui donnait des airs sympas même si les contours d'un corps humain étaient parfois tracés à la craie sur le trottoir quand on rentrait tard.

J'étais installé dans l'auberge de jeunesse à deux pas de chez Joana. Un repaire de paumés. On avait un quinquagénaire qui faisait la vaisselle pour tout le monde. Au bout d'une minute de discussion, il racontait invariablement sa rencontre avec les extra-terrestres. On avait un gros mauvais qui avait un avis péremptoire sur tout, notamment les différents complots menaçant le citoyen. On avait une militante écologiste pas épilée qui passait sa vie à manger des sandwichs au thon, ce qui vu sa gueule tenait du cannibalisme. Elle était un peu effrayante dans sa façon d'être véhémente. Elle hurlait « propaganda » à chaque fois qu'elle allumait la télé et j'aurais pas été rassuré de voir des gens comme elle au pouvoir.

On avait des hauts et des bas avec Joana. Elle était cool et insupportable. Hospitalière aussi. Je venais souvent chez elle me détendre de l'ambiance rendue pesante par les tarés de l'auberge.

Elle me promenait un peu partout, fière de s'exhiber avec un jeune frenchie. Elle approchait la quarantaine et elle le disait tout le temps pour qu'on lui réponde « tu fais dix ans de moins, honey ».

Elle était mignonne Joana, avec son nez en trompette et ses dents blanches. Des cheveux flous au carré, vers le châtain foncé. Des taches de rousseur sur des seins qui se tenaient bien. Une croupe qu'elle estimait un peu large la complexait sans outrance. Elle était pétillante comme un gin-fizz, sucrée. Un petit air de salope dans un regard noisette qu'elle entretenait savamment. Sexuellement, elle était pleine d'entrain. Un brin nympho même, avec un goût prononcé pour les situations extrêmes. Dès nos premières intimités, elle avait insisté pour être sévèrement fessée parce que son père était mort quand elle était petite. Au fil du temps, elle a sorti de ses tiroirs tout un attirail d'accessoires perfectionnés démontrant que parfois, en Amérique, l'imagination est au pouvoir.

Sa passion dévorante pour la bite lui faisait parfois faire un peu de souci. Des remontées de morale religieuse du dimanche après-midi :

— Tu me trouves pas trop dirty ? Dès fois, il y a des mecs qui sont choqués.

— C'est des cons. Change rien. T'es impeccable.

Bref, elle était pleine de vie, pas trop artificielle. Joana avait cette qualité de ne pas être vénale, ce qui la distinguait du reste de sa bande de copines. Elle se déplaçait en scooter, tranchant avec les autres qui ne daignaient bouger leur cul qu'en BMW.

Elle parlait tout le temps et elle parlait trop vite. Elle voulait être écrivain et n'avait jamais entendu parler de Bukowski ou d'Ellis. Elle tenait son journal intime dont elle tirerait une fiction.

— Tu y apparaîtras, me prévenait-elle. Tu devrais être content d'être un personnage de roman.

Tu l'as dit, bouffi. En attendant d'être Bridget Jones, elle pigeait pour un site féminin, des petites chroniques de ciné, des plans clubbing. C'était une mondaine.

Sa bibliothèque se réduisait à Herb Cahen, Armistead Maupin et un Joyce, parce qu'elle avait des origines irlando-italiennes qui la conduisaient à l'église catholique un dimanche sur quatre. Au début, je pensais que c'était pour faire plaisir à sa mère. Elle allait en fait se confesser sincèrement.

Sur sa table de nuit : « Comment se donner les moyens de ce qu'on a envie de faire ? » avec la photo en couv d'une vieille peau permanentée qui se disait docteur en psychologie. Dans le quartier, tout le monde a lu cinquante bouquins pour apprendre à mener sa vie en bon gestionnaire, dans les règles. Ça s'appelle *Les Clés du bonheur*, *Comment obtenir ce qu'on désire* ou *Apprenez à être écouté*.

En fouinant dans la librairie du Virgin, je suis tombé sur un livre intitulé *Sexe, richesse et célébrité : mode d'emploi*. C'était pas du Perec. C'était pas de l'humour non plus. L'auteur, un certain Philip J. Douglas, y donnait quelques recettes bien pratiques pour être successfull. Conseil aux hommes : « Les femmes aiment les hommes grands. Essayez de paraître grand. » Conseil aux femmes : « Les hommes aiment les femmes aux cheveux longs, surtout les blondes. Pour être sexy dans un cocktail, n'hésitez pas à porter des lunettes de soleil et à sucer la paille de votre verre. » Ça faisait deux cents pages comme ça, dénuées de tout second degré. C'était un best-seller.

Elle fréquentait ce monde-là, Joana, celui des wannabe qui n'ont peur de rien, surtout pas du ridicule. Elle me traînait à ses dotcom parties. Ça s'était essoufflé depuis 2001. Mais pendant les années d'or, lors de la folie Internet, des gamins de 19 ans roulaient en Porsche en fumant des Cohibas parce qu'ils avaient vendu leur nom de domaine la bonne semaine. Pendant quelques mois, m'expliquait-elle, les millions affluaient de tous les côtés et ils ne savaient plus quoi en faire. C'était les grandes chouilles gratuites avec champagne à gogo et courses de cochons. Aujourd'hui, tout le monde avait plus ou moins la gueule de bois, les faillites s'étaient succédées. Mais il y avait encore de quoi faire en terme de décadence.

Elle m'a amené chez Armani. C'était une sorte d'apéritif dînatoire pour présenter la collection d'hiver. Ça se passait downtown à deux pas de Market Street. La mode, j'y arrive pas. Je me suis toujours fait engueuler par mes copines parce que je mélange les rayures et les carreaux. Le niveau d'abstraction qui règne dans ce monde-là est hors de ma portée intellectuelle. J'ai essayé pourtant. Je me rends bien compte que le treillis de Kate Moss a plus d'influence sur la marche du monde que la découverte du boson intermédiaire. Alors je me tiens informé et je comprends de moins en moins.

Let's face it, baby : les mannequins sont moches. Adriana Karembeu, autant baiser un vélo [1]. Elles sont moches parce qu'elles font la gueule. Elles sont sur un podium, elles sont très bien habillées, elles sont enviées. Elles devraient être contentes. Elles sont sûrement contentes. Mais ce sont des professionnelles affichant leur

1. Quelle mauvaise foi...

inaccessibilité pour engendrer sainte frustration, mère de la consommation. Je n'arrive pas à voir ce que ça a de glamour.

Je me suis installé dans une bulle de champagne et j'ai écouté les gens mentir. J'ai passé le plus clair de mon temps à discuter cul avec des porcs de quinquagénaires lubriques, qui appâtaient les blondes à coup de balades en yacht qui n'existaient pas. Un booker de mannequins confiait qu'il allait changer de métier parce qu'il n'en pouvait plus des caprices des filles. Clairement, on était plus chez Lynch que chez Fellini. J'ai croisé Victor Ward, un peu vaseux et tétanisé, qui m'a fait un petit signe de la main. Il avait dû me prendre pour quelqu'un d'autre. Joana papillonnait, elle était dans son élément, épanouie. Elle connaissait tout le monde, elle avait couché avec un bon tiers des invités, hommes et femmes confondus.

San Francisco est une ville hédoniste, un repaire de célibataires. Un bled qui suinte le sperme, certes, mais au prix d'un taux de névrose complètement débandant. On leur dit be yourself d'une main en les faisant rentrer dans le moule de l'autre. Comment voulez-vous qu'ils tiennent le choc ?

Elle est restrictive cette société américaine, il faut savoir se tenir. On n'a pas le droit de faire la gueule, c'est malpoli. D'où le fameux sourire américain, dont la sincérité collerait la chiasse à un homme politique en campagne. On n'a pas le droit d'être malheureux non plus. C'est l'amendement tacite qui sous-tend la constitution américaine. Déjà, c'est un signe de défaite sociale. Surtout, c'est suspect.

Le Californien se caractérise par son optimisme, parce que la nouvelle frontière, c'est lui. Mieux et plus loin, c'est toujours possible. C'est un optimisme collectif qui se nourrit dans la solitude individuelle. Ils chantent leur hymne national en chœur pour un oui ou pour un non et ils n'ont pas d'amis. Comme ce sont des êtres humains comme tout le monde, ils se soulagent de leur vague à l'âme quotidien chez leur psy ou en bouffant du chocolat agrémenté de drogues légales qui leur vrillent encore plus la tronche.

— Ça oui, ils sont tarés, c'est certain, confirmait Juanito, le chef des cuisines du coffee shop.

Il était quand même bien content d'être là, depuis dix ans. Il rentrait à Mexico chaque année, où il pouvait se la péter avec ses dollars et son nouvel accent. Le seul truc qui le frustrait un peu, c'est qu'il n'avait pas accès à la femme blanche. Ni à l'Asiatique d'ailleurs :

— Regarde celle-là comment elle se tient…

Il a continué en marmonnant en espagnol une phrase qui contenait le mot «*puta*». C'était une copine de Joana qui venait boire un grand cappuccino au lait de soja allégé. L'heure était creuse. On a pu discuter de choses et d'autres. Elle était à moitié chinoise. Née à Canton, elle avait grandi ici. Elle mesurait un mètre soixante-quinze. C'est normal, d'après elle. Les Asiatiques deuxième génération font au moins dix centimètres de plus que leurs parents. Et les Américains ont de bonnes dents parce qu'ils mettent du fluor dans l'eau du robinet. J'avais beau essayer de lui faire comprendre que j'en avais rien à foutre, elle continuait à me raconter que chez elle, elle avait une planche pour découper la viande et une autre pour découper les légumes.

Après m'avoir ainsi ouvert aux secrets de son âme, elle passa à l'attaque. La garce venait faire sa petite enquête à potins. Elle voulait des infos sur le boyfriend de Joana.

Je lui expliquai que j'étais itinérant comme garçon et elle a dit que c'était wonderful. Puis l'information est parvenue jusqu'à son cerveau et elle a eu l'air contrariée. Quelque chose la perturbait.

— Oui mais quand même, ça ne te dérange pas quand tu penses à tout ce que tu aurais pu t'acheter avec cet argent dépensé à voyager ?

Peut-être qu'elle faisait un concours avec ses copines pour savoir qui pouvait proférer la plus grosse connerie. Il ne fallait négliger aucune hypothèse. J'ai essayé de lui répondre avec des mots simples :

— Je suis pas très attaché aux objets. Je préfère acheter ma liberté. Je préfère être qu'avoir, si tu veux.

Elle m'a regardé comme si je venais de lui dire que j'aimais enculer des petits garçons. Elle a reculé de deux pas, a bafouillé une histoire de rendez-vous chez le docteur et s'est enfuie.

Une fois mon service terminé, j'allais parfois siffler là-haut sur la colline. Les jours de soleil, sur un petit monticule du Golden Gate Park surnommé Hippie Hill, avaient lieu des rassemblements de glandeurs en tout genre. Des grands cercles de percussions se formaient, jams mouvantes et aléatoires rassemblant des dizaines de musiciens, auxquelles venaient se greffer des sax, des flûtes traversières et des danseuses aux robes en poil de chèvre. Tout autour, vautrés dans l'herbe, on avait des clodos bien cuits, des adeptes du frisbee ou du taï chi, des jeunes couples enlacés, des étudiants pleins de weed, des skateurs, des chiens, un peu de tout. L'Amérique sympa qui venait se faire un remake de Woodstock le week-end.

C'est rassurant cette contre-culture, soupape de sécurité qui empêche ce pays de craquer immédiatement. C'est un peu inquiétant aussi, parce qu'on ne voit rien arriver de révolutionnaire. Rien d'assez énorme pour fédérer les frustrations des freaks du rêve américain. Où sont les beatniks, les Dylan, les Public Enemy et les Cobain des années 00 ? Ça manque vraiment, un mouvement culturel assez excitant pour donner au monde une raison de continuer à aimer l'Amérique.

J'ai senti une main sur mon épaule. Elle appartenait à Ben, un pensionnaire de l'auberge de jeunesse, sympa, allemand mais rigolo. Il mesurait vraiment deux mètres et avait exactement la tête de Brad Pitt en mieux. On s'entendait bien. On était d'accord pour dire que cet endroit donnait envie de danser et on a bien naturellement décidé d'aller faire une virée le soir même. C'était impressionnant. Il se posait au milieu de la piste, dansait à peine (et mal), visage impassible. Des régiments de blondes de magazines lui sautaient au cou. Il les accueillait gentiment, les faisait danser un peu et s'en débarrassait. Il était forcément un peu blasé. Il ne voulait pas de filles d'un soir. Le sexe sans conséquences ne l'intéressait pas. Je pensais qu'il n'y avait pas de sexe sans conséquences. J'étais persuadé que chaque femme rencontrée me faisait gagner une semaine d'espérance de vie et j'aimerais bien vivre jusqu'à trois mille ans. Lui cherchait la femme de sa vie.

— I'm ready, disait-il pour signifier que son tableau de chasse était plein.

On a ensuite rampé vers un autre club en faisant confiance à un flyer sibyllin. Visuellement, une bonne baffe. Cinq cents pédés, tous perchés, chauves, aux torses nus et gonflés, s'agitaient sur une espèce de deep-house sans joie. Exhibitionniste mais moyennement torride. Dès que les mecs commençaient à se monter dessus, des filles de la sécurité munies d'oreillettes venaient les calmer. Il n'était pas bien difficile de constater que nous étions les deux seuls hétéros de la boîte. Nos cheveux nous trahissaient et nous avions pris la peine de nous encombrer de T-shirts.

On s'est achevés dans un after où les videurs empêchaient les gens de s'endormir. Le cadre était assez sympa avec des plantes vertes, une fontaine, des danseuses asiatiques salaces et des dealers qui proposaient des drogues de cheval à la mode, genre crystal. Un type s'est fait jeter à 9 h 12 parce qu'il fumait une cigarette en cachette. Le jour était levé depuis longtemps et la nuit avait duré dix minutes. Une bonne raison pour aller se coucher, seul, sans penser à rien.

Nous remontions le Lower Haight au clair de lune, au retour d'un vernissage bidon (un Japonais qui crucifiait des biscottes sur fond d'images d'émeutes). On nous a abordés juste devant chez Joana, pas très poliment.

— Les portefeuilles, les portefeuilles, vite, ou je vous crève.

Il avait des arguments, et surtout un couteau. Un Blanc, transparent, avec des cheveux longs et crades. Une épave en manque, out of control. Joana a immédiatement lancé son pognon :

— Donne-lui ton fric, vite, fais ce qu'il te dit.

Elle était paniquée, on le serait à moins. Moi, j'étais pétrifié. Mon temps interne s'était arrêté. Trop déconnecté pour avoir peur. J'étais froid. Je fixais ce mec tendu comme un arc, tremblotant intégralement, capable de tuer.

Et puis ça m'ennuyait de lui donner mon portefeuille. Pas pour les dix dollars qui restaient. Il y avait ma carte verte dedans. Je m'étais fait chier à aller jusqu'à Mission pour l'acheter cent dollars aux Mexicains.

J'ai bondi sans m'en rendre compte. De tout mon poids, le pied en avant sur son genou gauche qui a fait crac. Le couteau est tombé. Le junkie aussi. Je l'ai relevé par les cheveux et sa face est rentrée en collision à grande vitesse avec le capot d'une Mitsubishi garée là trois heures plus tôt par le manager du Noc Noc qui vient d'apprendre que sa femme le trompe avec un Portoricain. D'un coup de pied, j'ai éloigné le couteau qui est allé se perdre dans une bouche d'égout. Il se traînait par terre. Sur le dos, à se tortiller comme une grosse larve. Je savais qu'il avait pas mal, il fallait que je le finisse. J'ai posé mes genoux sur ses épaules pour l'immobiliser. J'ai entendu un clic dans mon cerveau et cent vingt choristes se sont mis scander *Carmina Burana*. Mon poing gauche a défoncé sa gueule à répétition pendant un laps de temps que je suis incapable de définir. Je frappais de plus en plus fort. Je savais pas que je pouvais taper aussi fort, aussi longtemps. Joana me hurlait d'arrêter. Ça n'avait pas de prise sur l'action mécanique de mon poing appliqué à pilonner la gueule du fils de pute.

J'ai finalement suspendu mon délire. Joana m'a tiré jusqu'à sa porte qu'elle a fermée à triple tour derrière nous et elle a pleuré pendant une heure jusqu'à ce que ses cachets l'endorment. Je n'avais frappé personne depuis le CM2 (un litige concernant Yannick Stopyra lors d'un échange d'images Panini). Mon poing était en sang, du mien et du fils de pute. Ses dents avaient découpé mes phalanges. Je me suis soigné mais je ne sentais rien. Je me suis allongé : je crois que ma poitrine avait triplé de volume. J'étais dans un état inédit. Une montée d'adrénaline parfaitement contrôlée par une force obscure située du côté de l'instinct de survie et de la jouissance de destruction. Je me sentais capable de léviter et de me déplacer dans l'espace à la seule force de ma concentration. Je n'éprouvais ni haine, ni fierté. Je n'étais pas en colère. J'avais peut-être tué un être humain et je me voyais accéder à une forme de plénitude. Je venais de redécouvrir la puissance et son revers glissant : la tentation de la puissance. J'étais contaminé.

J'ai dû m'endormir puisque je me suis retrouvé assis à table avec un ami d'enfance. On mangeait une sorte de ragoût de cantine. Un mec au visage cicatrisé beuglait difficilement, derrière des barreaux :

— Lièvre. Lièèèèvre.

Il avait l'air mauvais. Pas clairement agressif, mais imprévisible et nettement taré. Mon ami lui donna une fourchette, un geste que j'estimais un poil inconsidéré, mais je me gardais bien de lui dire pour ne pas le froisser.

— Lièèèèèèèvre...

Il y allait fort en décibels ce con. Moi ça me cassait les oreilles. Et puis on pourra pas être tranquille tant qu'il sera là. Qu'est-ce qu'il veut, lièvre ? Avec sa fourchette. Sans déconner. J'ai plaqué sa main sur la table, je l'ai coupée (au milieu de l'avant-bras) et je l'ai jetée dans un coin. Un renard est parti avec et voilà, réglé, il gueulait plus.

J'avais dormi très longtemps et j'étais vraiment crevé. Chaque mouvement était une gageure. J'avais dépensé un mois d'énergie en quelques secondes, et il me faudrait plusieurs jours pour m'en remettre. Mes batteries s'étaient vidées.

Joana regardait les pubs à la télé. Elle m'a expliqué qu'elle avait eu plus peur de moi que de notre agresseur. Elle m'engueulait, toujours à gueuler pour des bricoles comme un rédacteur en chef. Ça m'a rappelé le mec avec sa cravate derrière son bureau qui m'avait promis une belle carrière si j'étais prêt à me battre. Je voulais pas me battre à l'époque. Il m'avait traité d'idéaliste, ce à quoi j'avais répondu toi-même. Il affirmait que ça faisait du bien de se battre et il prétendait avoir les pieds sur terre. C'est là que j'avais démissionné. J'étais parti pour ça, pour qu'on me foute la paix. Mais où qu'on se cache, sur la moindre parcelle de notre planète, il y aura toujours un casse-couilles pour vous rappeler que la vie n'est pas une chanson des Beatles. J'ai fait l'effort de descendre acheter des cigarettes. Il n'y avait pas de traces de craie sur le trottoir, je n'avais tué personne.

Jusqu'à présent ma position sur la question de la liberté de l'homme se résumait à quelques évidences : nous étions prisonniers d'une enveloppe charnelle donnée et il fallait mourir un jour. Nous étions donc libres à 37 %, maîtres de nos mouvements dans une certaine mesure. Cette nuit, j'avais monté notre taux à 43 %. Car c'est possible d'avancer tout droit sans contourner les obstacles. C'est possible de faire plier le monde sur un parcours, de changer la courbe d'un karma, le galbe d'un destin. S'amuser à être fort. Jouer à ne pas avoir peur. Leur montrer qui c'est Raoul.

J'étais encore devenu quelqu'un d'autre, un acteur de mes événements. J'avais fait un mini-saut quantique. Un petit pas pour moi dont l'humanité n'avait rien à foutre.

La vie continuait d'autant plus que cette semaine-là, Robin Wright-Penn est venue manger une soupe à l'oignon. C'était un jeudi. Le lendemain, j'ai servi un thé à la menthe à Danny Glover. Avec Joana, on n'a plus reparlé de l'agression et de la violence qu'elle avait su provoquer en moi. Elle a peut-être oublié, tout simplement. Elle est américaine, elle sait fonctionner au présent. Elle refoule ce qui lui est désagréable, ce qui la dépasse, ce qui ne fait pas partie de la réalité officielle.

Présentement, elle était sur le pied de guerre en raison du festival international du film de San Francisco. Elle couvrait le truc pour son www. On a passé quelques soirées à regarder des DVD de films chiliens pas mauvais du tout qu'elle zappait au bout de sept minutes en lâchant son verdict : trop lent. Elle faisait des critiques de dix lignes où elle parlait plus de son enfance que de cinéma. Elle s'en foutait du cinéma. En vérité, elle n'y comprenait rien. Ce qui la faisait mouiller, c'était les stars. Elle est restée satellisée comme ça pendant les deux semaines du festival. Elle se sentait plus pisser parce que Forest Whitaker lui avait fait des avances plus ou moins explicites.

— Pourquoi tu te le tapes pas ?

— Oh, je sais pas.

— Ben il est célèbre pourtant. C'est un vrai bon acteur en plus, sûrement un type intéressant.

— Ouais. Mais physiquement, il est, disons, pas terrible.

— Bof, il a une bonne gueule Forest Whitaker. Qu'est-ce qui te dérange ?

Ça m'amusait de la pousser dans ses retranchements.

— Ben, je ne veux pas faire de discrimination envers les obèses, mais il est en surpoids et c'est pas mon genre, voilà.

Bien politiquement correcte, Joana. L'autre jour, elle était scandalisée quand on a croisé un groupe d'ados asiatiques qui se traitaient de nègres comme font les ados blacks entre eux :

— Ils n'ont pas le droit de dire ça. Ils ne sont pas Noirs.

La minute d'après, elle était de nouveau indignée, cette fois parce qu'un clodo black complètement farci lui avait demandé « une petite pièce, ma chérie ». Que des Noirs vivent dans des cartons en bas de chez elle, c'était pas son problème. Mais il ne fallait pas utiliser le mot « nègre » à mauvais escient.

Ça la dérangeait quand même cette misère sous ses yeux. C'était pas de l'ordre de la compassion. Plutôt un agacement, parce que c'est sale. C'est sûr que ça faisait tache, ces bataillons de homeless dans les rues d'une ville aussi affriolante que SF. Dans un pays dont l'hygiénisme laisse à penser que la plupart des autochtones ont mal négocié leur stade anal. On se touche pas trop aux États-Unis. On n'aime pas quand ça sent. Un peu trop réel.

Je revenais sur Forest Whitaker pour la taquiner et continuer mon petit exercice de maïeutique.

— Bon, sois sincère. Dis que tu ne veux pas coucher avec un nègre.

Outrée, au quart de tour :

— Mais comment tu peux dire des horreurs pareilles ? C'est vraiment très mal de dire ça. T'es un vrai pervers.

— OK, je plaisantais, Joana.

N'empêche, elle qui avait vu défiler des kilomètres de bite, elle ne couchait pas avec les Noirs.

— On ne plaisante pas avec ces choses-là en Amérique.

— En France non plus, tu sais.

Non, elle ne savait pas bien sûr. Mais elle avait du mal à situer l'Europe sur une carte du monde alors j'allais pas me lancer dans les grandes explications sur les règles de bienséance phraséologique en vigueur dans mon pays.

Elle ne s'intéressait pas plus à la politique qu'à la géographie ma petite copine. « Ce que je sais », disait-elle (c'est la formule utilisée pour répondre à une question qu'on n'a pas comprise), « c'est que je suis démocrate, par tradition familiale. » Elle était pourtant pas stupide Joana : elle avait fait des études supérieures, psychologie et gender studies. Ça devait faire un minimum de bagage culturel. Mais non. Il faut comprendre que ce qu'ils apprennent à l'école, c'est avant tout à être américains. Après ils apprennent à compter. Après ils apprennent à parler. En public. Pas forcément pour dire quelque chose. Pas forcément pour être entendus. Le verbe « écouter » est réservé à une certaine catégorie de la population qui est payée pour. Il s'agit de parler pour prendre la parole et montrer qu'on existe. Qu'une star sommeille en nous. Tout le monde peut être une star. On leur apprend ça aussi à l'école.

Le samedi, elle a voulu m'amener à la soirée de clôture du festival. Là, fallait jouer serré. Elle avait une invit pour elle, mais c'était pas gagné pour me faire rentrer. J'ai enfilé mon plus beau

T-shirt (le orange) avec mes baskets, j'ai mis du gel dans mes cheveux et j'ai pris mon air trop pire cool des heures à l'avance pour être en condition. Elle avait carrément sorti sa combinaison en latex catwoman, plus des couettes d'écolière. Ça lui allait bien, on allait la remarquer.

On a eu de la chance d'arriver en même temps que Sharon Stone et Phil Bronstein. Leur limousine s'est arrêtée devant la mauvaise porte. Il leur fallait marcher environ dix mètres pour accéder à l'entrée. Quelques groupies se sont ruées en quête d'autographes et j'ai vu la panique dans les yeux des deux people. Dix mètres dans le monde non protégé : danger. Ils n'étaient pas nombreux pourtant, des gamins qui voulaient une signature. Deux molosses de la sécurité sont venus créer le cordon sanitaire pour permettre à Sharon et Phil de revenir parmi les leurs. Ça nous a permis de nous faire tout petits pour rentrer sans problème.

Elle était pas mal leur soirée, avec des animations pour se distraire. Un groupe de rockabilly à paillettes, des numéros de trapèze. Elle était pas très hype non plus leur fête. Plutôt pépère, gonflée au Botox. Que du people établi, pas de matière à scandale.

C'était bien organisé, il y avait de quoi nourrir l'Angola pendant un an. On allait manquer de rien avec ces jolis buffets sur deux étages venus de tout ce que San Francisco compte de traiteurs exotiques. Les sushis étaient un peu corsés, Anne Bancroft était de mon avis. La vodka-mûre faisait passer le tout sans rechigner. Joana ne savait même pas que Warren Beatty a la plus grosse teub d'Hollywood. Mais d'où elle sortait ? Pourtant elle se débrouillait pas mal dans le carré VIP. Sean Penn l'a bien envoyée chier, mais il est pas commode. En revanche, elle tenait la jambe de Sharon Stone depuis au moins quatre minutes, une éternité dans ce contexte.

Les acteurs, je savais pas trop quoi leur dire, à part des banalités sur le bordeaux. J'ai taillé le bout de gras avec Phil Bronstein. Il était directeur du *San Francisco Examiner*. C'est pas un bon journal et il m'expliquait pourquoi. On a discuté un bon moment, il s'emmerdait lui ici. Il disait que les acteurs étaient des ânes mais qu'il était bien obligé d'accompagner Sharon pour les gros trucs.

Les rockers à bananes ont rangé leur Gretsch pour laisser place à une house un peu rance inspirée french touch qui avait le mérite de faire onduler quelques kilos de silicone. Joana était déchaînée. On entendait qu'elle, elle virevoltait d'un people à l'autre. Forest Whitaker essayait de la coincer. Elle était sexy.

J'en étais là à raconter des blagues de Toto à

Kevin Spacey quand elle m'a rejoint, à la limite de l'hystérie :

— Devine.

— Non.

— Je discutais avec Sharon et je lui ai fait remarquer qu'on était arrivés au même moment et devine ce qu'elle me répond.

— Non.

— Elle me dit : c'est amusant, ça peut être aussi amusant qu'on reparte ensemble.

— Non ?

— Je lui ai dit que j'étais accompagnée et elle t'a vu discuter avec Phil. On est invités à boire un verre chez eux en rentrant. Tu te rends compte ?

— Oui.

Je commençais même à me choper une demi-molle.

La limo roulait en direction de Sausalito. Un air de jazz mellow coulait de la radio pour ralentir nos rythmes cardiaques. Les lueurs de la baie ne pouvaient pas scintiller dans nos pupilles dilatées à cause du vitrage fumé.

J'étais en face de Sharon et à côté de Joana, assise en face de Phil. De près et à cette heure-là, c'était pas tout à fait *Basic Instinct.* Mais elle était encore très belle. On pouvait dire que cette femme avait du iench. Elle ne m'avait pas adressé la parole.

La ville défilait d'une colline à l'autre. C'est une ville bombée San Francisco, qui monte et descend en permanence. Ça lui donne des prédispositions géographiques à la concupiscence. La limo enfila le Golden Gate Bridge pour confirmer mon intuition : cette baie est un vagin. Une poche humide qui dégouline d'excitations, ouverte sur le monde par un étroit canal, avec l'île d'Alcatraz plantée au milieu en guise de clitoris.

Sharon relevait parfois la tête pour envoyer du feu avec ses yeux. Je n'osais pas tout à fait la regarder en face, mais je bandais ostensiblement. Une manière d'être poli. Je m'étais servi un scotch dans l'unique but de me donner une contenance. Les discussions oscillaient entre la faim dans le monde et les opérations de Demi Moore. Phil tenait le crachoir. Il était nettement plus rieur qu'à la soirée. Sharon avait dû organiser ça pour lui faire plaisir. Je crois que leur couple battait déjà un peu de l'aile.

Joana ne savait pas quoi faire de ses mains et se tortillait. Le frottement du latex de sa combi contre le cuir du fauteuil produisait un couinement lascif. Je la soupçonnais de faire exprès. Phil s'est envoyé un rail d'un demi-gramme qui a été suivi d'un certain silence.

Tout le monde s'est plus ou moins regardé. Sharon a encore lancé du feu en direction de Joana qui a alors posé sa tête sur mes genoux.

Sharon a écarté ses jambes et glissé une main dans sa culotte. Puis Joana a descendu ma braguette alors que la limousine s'engouffrait dans un tunnel. Un vrai rêve américain.

« Pay your surgeon very well to
break the spell of aging
Celebrity skin, is this your chin ?
Or is that war you're waging ?
First born unicorn hardcore soft porn.
Dreams of Californication »
Red Hot Chili Peppers

Le seul intérêt de Los Angeles réside dans son désintérêt pour la réalité. Les rues sont trop larges pour avoir une chance de croiser quelqu'un. Los Angeles n'existe pas ailleurs qu'au cinéma. J'étais venu comme tout le monde pour voir Hollywood boulevard, mais Hollywood n'habite plus ici.

Los Angeles est principalement habité par des gens en plastique qu'on appellera Ken et Barbie. Un attroupement sur Sunset Boulevard.

Ken s'énerve soudainement et engueule Barbie :

— Mais dépêche-toi, bordel, je te dis qu'il y a un tournage là-bas.

Venice Beach : port du poil interdit et tour de cuisses réglementé.

Une seule phrase : « *It's like, you know, oh-my-god!* » utilisée dans toutes les situations avec une emphase d'autant plus accentuée qu'elle est vide de sens. Être enthousiaste et surtout ne rien dire.

Il ne faut pas s'attarder : un jour, une nuit, jusqu'à ce que le soleil se lève sur le boulevard Santa Monica. Je me couche dans le lit de Jim Morrison, et il est déjà grand temps de partir. « *Let's get the fuck out of here* », comme on dit au cinéma.

Le bus Greyhound est en train de démarrer. Je jette un coup d'œil furtif sur ce journal abandonné. Trône en première page une publicité pour le New me institute. *Age is just a number*, assure la baseline. Suivent les prix des liftings, des refontes du groin et des restructurations vaginales.

LA : capitale mondiale de la jeunesse éternelle. Hollywood a figé James Dean dans ses 20 ans. Les chirurgiens font en sorte que Barbie sexagénaire puisse continuer à s'habiller en 16 ans. Pas un hasard. L'immobilisme est ici criminel. Celui qui n'a pas de projet est une merde. Il faut avancer tout le temps en faisant reculer l'horloge.

Chimère ? Peut-être. Mais avec de l'argent et une science débauchée au service du cosmétique, pourquoi ne pas vivre jusqu'à cent cinquante ans avec un corps qui ne nous appartient pas ?

Égarés dans leur rêve de puissance, contraints au surpassement permanent, pétris de peurs inavouables et confortés dans leurs repères par une ignorance institutionnalisée, Ken et Barbie deviennent des OGM. L'homme et la femme de demain, bidouillés en fonction des aspirations spectaculaires de nos sociétés et des impératifs de survie sociale de l'époque. Dans ce monde-là, on ne trouve pas d'emploi si on est laid. On baise difficilement. On n'est pas considéré. Alors il faut s'optimiser, et on en a les moyens. Histoire d'accélérer l'évolution de l'espèce. L'hypothèse posthumaniste progresse. On évoque les clones, le surhomme nietzschéen, le retour du Messie et ta sœur. Pas besoin d'aller si loin.

« *It's the edge of the world and all of western civilization.* » Une assertion a priori optimiste qu'Antony Kiedis chante avec un fatalisme du bord des larmes. Il couine parce qu'il voit bien que le posthumain est déjà là et qu'il n'est pas joli-joli.

Ken et Barbie sont sûrement les Adam et Ève de l'humanité à venir. Leur rejeton sera envié. Il courra plus vite, sera plus fort, plus grand, plus puissant. Répondra à un certain idéal de beauté, avec une grosse queue.

Son cerveau est rongé par les pilules ? Pas très important. Il restera bien en état pour les opérations simples, comme sourire, fermer les yeux, partouzer poliment, acheter une voiture rouge et mentir de bonne foi. Penser n'est pas forcément rentable et nos ordinateurs sont performants.

Quant à la réalité, elle est gratuite. Elle n'existe donc pas. Il est simplement impossible que ce nègre soit vraiment en train de crever sur le trottoir, à la sortie de ce night-club où les gens sont si beaux.

De retour à San Francisco, Joana avait perdu tout son cool. Elle subissait l'influence de ses copines qui la montaient contre moi à coup d'insinuations fielleuses soulignant le fait que je ne possédais pas de BMW. Son féminisme bon teint devenait belliciste. Elle avait le crâne bourré de formules toutes faites : «La domination masculine n'a que trop duré. » Moi, j'étais d'accord. La domination masculine n'avait que trop duré. D'ailleurs c'était terminé. Je le savais, je l'avais lu dans *Marie-Claire.* Et puis je m'en rendais bien compte par moi-même. Elles avaient pris le pouvoir et elles avaient bien raison.

Longtemps, j'avais sincèrement rêvé d'un monde matriarcal. Les hommes étant irrémédiablement destructeurs, je faisais un peu plus confiance aux femmes, les jours de beau temps.

Je me plaisais à imaginer un troisième millénaire qui sera féminin ou ne sera pas. Avec des mœurs adoucies. Moins de violence, plus de sensibilité. Grosse truffe.

Le principal effet de l'émancipation de la femme est de lui avoir permis de devenir aussi conne que l'homme, me disais-je en écoutant les commentaires des copines de Joana feuilletant leurs magazines féminins. Elles citaient Simone de Beauvoir ou Germaine Greer et chassaient le millionnaire dans l'espoir ultime d'être entretenues. Des féministes du samedi après-midi. Leur brunch hebdomadaire n'était pas sans rappeler la conférence de Yalta. Elles se répartissaient des territoires d'influence en détournant les armes conventionnelles du talon aiguille et du harcèlement sexuel comme on manie la diplomatie et la menace nucléaire. Les meufs de ce genre avaient instauré leur domination avec un cynisme et une brutalité impitoyables. Les Américains sont terrifiés.

Un jour, un mec seul est entré dans le magasin. Il a relâché la porte sans voir que la half-chinese copine de Joana arrivait derrière lui. Elle a commencé à le pourrir et ça a vite pris des proportions invraisemblables. Elle s'auto-enhardissait de ses invectives, le traitant comme un criminel en public, pour lui apprendre la politesse. Lui ne mouftait pas. Il savait qu'il fallait faire profil bas et encaisser parce qu'elle avait tous les atouts dans sa manche. S'il se rebellait, elle hurlerait à l'agression et il serait foutu. Deux gros types s'étaient d'ailleurs rapprochés, prêts à lui casser la gueule pour jouer les héros. Il n'avait rien fait. Elle avait juste saisi une occasion d'exercer son pouvoir de nuisance.

Elles ne sont pas dans la recherche de l'égalité des sexes, les copines. Elles sont dans une logique de conquête de marchés. Elles ont pris le pouvoir, elles le savent et elles en abusent. On ne saurait parler de revanche dans leur cas, elles étaient issues d'une génération n'ayant pas souffert du sexisme institutionnalisé. Les femmes battues, violées, voilées : elles s'en offusquaient quinze secondes et les réinjectaient au service de leur marketing féministe avant d'aller s'acheter des lunettes Gucci à trois cent dollars. Des pouffes du troisième type. Du glam-féminisme opportuniste.

J'étais donc coupable d'avoir des couilles. Le père de Joana était mort quand elle avait 4 ans et c'était de ma faute. Elle réclamait du sexe toujours plus violent, sûrement pour pouvoir se persuader que j'étais un monstre. Elle se mettait à réciter du Valérie Solanas[1] entre deux levrettes, c'était plus possible.

1. La femme qui a tiré sur Andy Warhol. Membre du SCUM, Society for Cutting Up Men (société pour la castration des hommes).

Mon fond hippie essayait de la ramener sur la voie de la sérénité. Il fallait tendre vers une recherche d'équilibre entre les genres, une coexistence pacifique.

— Non, c'est une guerre qui est en cours.

J'ai remis mon caleçon sur-le-champ. Elle était allée trop loin. Je n'avais aucune raison de me laisser emmerder plus longtemps. Je l'ai regardée une dernière fois en surjouant dans le registre solennel :

— Je ne fais pas l'amour avec les gens qui font la guerre.

Elle a eu une expression hagarde quand je me suis vraiment dirigé vers la porte que j'ai claquée, fort. J'étais à peu près persuadé qu'elle s'effondrait en sanglots, ce qui indique probablement que je suis une sorte d'abominable phallocrate.

C'était l'Amérique, Joana. Bandante et puérile, arrogante sans s'en rendre compte. Exaspérante. Ridicule.

C'est facile de dire du mal de l'Amérique. C'est même tentant. Tout le monde le fait. Il est, à mon avis, beaucoup plus sain de se foutre de sa gueule. Mais l'époque ne prête pas à rire. Alors c'est la rancœur qui domine face à la brutalité des États-Unis. Le fossé existentiel s'élargit entre le peuple américain et ses cousins européens. Tectonique des cultures, les hommes s'éloignent plus vite que les continents. Une grande incompréhension s'installe. On a du mal à admettre qu'une nation si créative puisse réélire un tel demeuré à sa tête. C'est pourtant clair : les Homer Simpson sont au pouvoir. L'ignorance des Américains, ce n'est pas qu'un cliché, c'est une réalité qui progresse. Cette inculture exprime un désintérêt pour le monde extérieur qui s'appuie lui-même sur la certitude illusoire que l'Amérique est créatrice universelle. Et c'est vrai que c'est agaçant. Joana m'assurait que les Beatles étaient américains.

— Oui, ils sont nés en Angleterre, mais ils n'auraient pas existé sans l'Amérique.

Elle disait ça. Ça relève de la psychiatrie une sincérité pareille pour oublier que le monde existe. L'isolationnisme culturel inversement proportionnel à l'interventionnisme politique.

Le grégarisme post-11 septembre a réuni la nation derrière un baudet et autour des valeurs fondatrices qui ont fait la beauté de l'Amérique. Ces valeurs sont mortes. Elles sont assenées, plus que jamais. Mais il suffit d'entrouvrir un seul œil pour se rendre compte que la réalité n'est plus d'accord.

Schizophrénie de masse et syndrome Dorian Gray : on s'acharne à préserver une apparence juvénile, pure et lisse pour occulter le noircissement de l'âme.

C'est une bombe à retardement qu'ils fabriquent au quotidien et qui va leur péter entre les doigts. L'ampleur du décalage entre les discours qu'ils sont obligés d'admettre et les faits qu'ils ne peuvent que constater est en train de provoquer de sérieuses lésions dans l'inconscient collectif américain.

Le président des États-Unis d'Amérique obéit à un livre dont le commandement fondamental est « Tu ne tueras point ». Puis il multiplie les budgets militaires et va casser du bougnoule. Sacré Dieu, va.

« *In God we trust* » : c'est écrit sur la façade d'un building en vue à San Francisco. En lettres de plusieurs mètres. Au cas où God ne verrait pas bien. Il faut être à genoux pour appeler Dieu aussi fort. Toute cette agressivité annonce le déclin. Révèle une crise de confiance, de celles qui se subliment dans l'arrogance.

C'est pour ça que ça ne sert à rien de s'agacer et que ça n'est pas très gentil de se foutre de leur gueule. L'Amérique fait faire du souci au monde entier. Je me ferais plutôt du souci pour l'Amérique. Elle souffre tellement. Pas à cause des avions qu'elle s'est pris dans la face. C'est plus intime.

La vraie fragilité de l'Amérique se trouve dans le désarroi individuel du citoyen qui veut devenir ce qu'il n'est pas, et qui n'y arrive pas. Si tout le monde est une star en puissance, c'est que tout le monde est un loser de fait. Ça leur est d'autant plus douloureux qu'il s'agit d'une maladie honteuse.

— J'ai un défaut typiquement américain, me soufflait Kate. J'ai toujours peur de ne pas être assez bien.

L'Amérique ne tombera pas sous les bombes de quelques Arabes énervés. Pas plus qu'elle ne crèvera de l'artificialité de son économie sous-productive, de son déficit budgétaire ou de la ménopause de Madonna.

Elle s'enfoncera sous son propre poids. Elle s'enlisera dans ses peurs et ses solitudes, se recroquevillera dans ses contradictions, pétera les plombs de plus en plus en fort. Ce n'est pas flagrant, mais c'est irréversible.

Dans sa chute, l'Amérique ne fera pas badaboum. Ce sera un pfuitttt longuet et plutôt discret. Elle se dégonflera comme une grosse baudruche étoilée. Comme si de rien n'était, en continuant à se goinfrer.

C'est ainsi que s'achèvent les empires. Avec le sourire.

« C'est pour la plupart des hommes
un exemple décourageant
que la sérénité d'un cochon. »
Anatole France

Ensuite, je me suis remis à courir. J'ai tout fait. Je me suis frappé les Amériques dans tous les sens, à tort et à travers. J'étais l'ami des points cardinaux. La gravité n'avait plus vraiment de prise sur moi et j'avais les cheveux dans le vent en permanence. Tout allait très vite.

J'avais mis de côté ma prudence instinctive pour jouir de mon absence de peur, pour explorer la violence d'être en roue libre. J'avais passé ma vie à éviter les coups. Maintenant je les cherchais.

Je me suis retrouvé au Belize sans trop savoir comment. C'est un petit pays qui se traverse en cinq heures en roulant tout doucement. Le Belize compte un très petit nombre d'habitants mais on trouve ici des Hispaniques, des Noirs, des Chinois, des Mayas, des Indiens d'Inde, des fermiers mennonites hollandais et des touristes américains. La monnaie nationale est officiellement indexée sur le dollar et il y a parfois des cyclones.

Qu'est-ce qu'on peut dire d'un pays pareil ? C'est très vert, avec beaucoup d'arbres. On y trouve des tombes sur les ronds-points et les employés de banque ont des tatouages de taulards sur les bras. Il y a un mec là-bas qui se promène avec un raton laveur sur le porte-bagages de son vélo. Pour en savoir plus, on peut toujours consulter un vrai guide de voyage.

Quelques cigarettes plus tard, je déambulai dans les rues vibrantes et fracassées de La Havane. J'étais coincé entre deux types qui n'étaient d'accord que sur un seul point :

— Quand tu es avec une fille, ne t'endors jamais sinon elle te pique ton pognon.

Après, ils recommençaient à s'engueuler et à se traiter de malhonnêtes mutuellement. Le premier était mexicain et s'appelait Fausto. J'étais venu ici avec lui. Il servait d'intermédiaire entre les Cubains de Floride et leurs familles restées sur l'île. Activité principale : importation de marchandises destinées au marché noir. Il faisait le voyage chaque semaine et payait des mulets pour transporter les bagages. Ça me permettait d'être rémunéré pour être à Cuba, de faire de la contrebande avec un alibi humanitaire. Il me disait de me méfier des Cubains qui sont tous des voleurs.

Le deuxième était un Black répondant au nom d'Angel et se trouvait effectivement être un voleur. Il me disait de me méfier de ce Mexicain qui faisait son business sur le chaos cubain. J'avais choisi le Cubain parce qu'il était plus rigolo.

Son métier d'origine, c'était prof de base-ball. Son métier de fait, c'était arnaqueur de touristes. Il avait essayé de me carotter avec une feinte éculée avant de se rendre compte que j'avais des kilomètres et qu'on me la faisait pas. On avait sympathisé et je lui servais de caution occidentale dans ses affaires. Il était fort. Il interpellait les familles en goguette sur le front de mer, leur faisait le numéro du Cubain sympa et malicieux et les emmenait boire des mojitos en terrasse. Les toutous se faisaient bien sûr assassiner sur la note mais repartaient quand même avec le sourire, pendant qu'il allait toucher son pourcentage auprès du serveur. Du bon boulot. Les touristes éthiques s'achetaient parfois une bonne conscience en apportant des crayons de couleur pour les petits nenfants cubains. Angel, père d'un petit Angelito, les acceptait avec une larme à l'œil avant de pester que ça ne se revendait pas assez cher.

Cuba est une planète à part qui vit dans la rue. L'économie ne tourne pas et les ingénieurs formés à Moscou patientent sur le trottoir entre deux plans débrouille. Le tourisme étant la principale source de devises du pays, le moyen le plus simple de gagner des dollars quand on n'a pas le privilège de bosser dans les circuits officiels reste encore de vendre son cul. Ça choque plus les Occidentaux que les Cubains, qui sont par essence super-chauds. Des boudins de teutonnes quinquagénaires arpentent les rues en paradant au bras de Blacks magnifiques et tarifés. Les mères de famille viennent se proposer spontanément avec des arguments de type : « Baise-moi pour que je puisse nourrir mes enfants. » Il ne se tire pas un coup gratuitement sur cette île. Même les Cubains doivent payer, m'assurait Angel.

Pour faire simple, on peut dire que les Cubains sont beaux et intelligents. Ce qui est surprenant dans la mesure où ils ne sont pas très bien alimentés et très isolés culturellement, filtrage idéologique et insularité obligent.

Ils sont beaux grâce au mix ethnique produisant des Noirs aux yeux bleus et au culte du corps entretenu par les exigences sportives du régime. Les écoliers font des pompes sur les Champs-Élysées locaux et Cuba remporte plein de médailles aux Jeux olympiques. Ils sont intelligents parce que le taux d'alphabétisation est le plus élevé des Amériques et qu'ils sont obligés d'être malins pour survivre. Ils sont intelligents au point d'en être fiers. La propagande leur bourre le crâne en affirmant que le peuple cubain est supérieur. Ainsi, quand le Mexicain fera preuve d'un petit complexe d'infériorité par rapport à l'Occidental, le Cubain se frottera les mains à la vue du touriste en pensant : benêt avec des dollars. Ce renard d'Angel gagnait pas mal d'argent et claquait tout en crack.

— Je peux pas travailler sans, me répondait-il quand je lui disais qu'il était con de gaspiller toutes ses recettes.

Hollie s'était aussi chopé cette marotte un peu craignos à trop traîner avec Milton à San Pedro. Il était tombé dans le crack comme on tombe amoureux, les yeux fermés. Ça lui permettait de ne pas se faire de souci face à son absence de vie sexuelle. Je savais par mail qu'il se trouvait à Cuba lui aussi et nous nous étions donné rendez-vous sur les marches du capitole local. Nous avions fêté nos retrouvailles par quarante-huit heures d'errance désordonnée dans les labyrinthes fissurés de la cité.

Ce qu'on appelle La Havane vieille est en fait La Havane neuve, aux bâtiments historiques fraîchement rénovés. Ça fait jolie ville méditerranéenne. Les touristes se pressent ici, dans ce quartier classé « patrimoine mondial de l'humanité » par l'Unesco, pour « voir Cuba avant la mort de Fidel ». Le gouvernement américain interdisant officiellement à ses ressortissants de se rendre à Cuba, les visiteurs made in USA passent par le Canada ou le Mexique pour venir parader dans des monospaces sécurisés sous le regard méprisant des Cubains. Les touristes encadrés ne savent pas ce qu'ils perdent en évitant La Havane centre, le quartier populaire aux constructions coloniales prêtes à s'effondrer. C'est ici que ça vibre. Là que la fameuse chaleur cubaine n'est pas une attraction commerciale mais un mode de vie. De là aussi, sur le Malecon, ce front de mer gigantesque, que des centaines de personnes se jettent à la mer sur des radeaux de fortune pour fuir le grand loft castriste.

Fidel étant au pouvoir depuis 1959, la plupart des Cubains n'ont connu que lui. On peut difficilement mieux illustrer le terme de dictateur paternaliste. Les Cubains l'insultent à voix basse. Ils le détestent comme on déteste un père autoritaire, c'est-à-dire avec un fond d'amour déraisonnable. Un père violent qui aurait ruiné la famille et contraint ses enfants à la mendicité en continuant à vivre dans un château. Mais un père quand même.

Il était en train de faire son discours du soir,

son coupé, sur une télé en noir et blanc. Appartement une pièce, sordide. Dernier étage d'un immeuble défoncé qui ne tenait plus guère que par un grand mystère. Deux Blacks costauds jouent au Master Mind en buvant du rhum. Une beauté métis vient s'asseoir sur mes genoux. Je me concentre pour visualiser Édouard Balladur en récitant des « Notre père » pour ne pas céder à la tentation. Angel négocie avec le dealer, qu'il a connu en prison. Bruit d'aspiration, odeur de fumée métallique, Hollie fait craquer les articulations de son cou et retourne dans le ventre de sa mère pendant cinq petites minutes. Il enchaînait les conneries mon Anglais.

La semaine suivante, j'ai dû le sortir de prison à Santiago de Cuba. Il avait eu l'idée pas glorieuse de pisser sur une statue de José Marti [1] un soir d'ivresse. Il s'était fait embarquer et le flic l'avait joué à l'intimidation à base de confiscation de passeport. Mais je l'avais finalement baisé en le menaçant de la colère de mon oncle ministre des Affaires étrangères et mon pote était sorti de sa cellule avec un anus intact sans que je lâche un seul dollar.

Pour fêter cet épisode, on est allé au bistrot du coin descendre quelques Cuba Libre. Hollie a eu une nouvelle idée pas glorieuse, celle de partir en volant les verres parce qu'ils étaient

1. Poète cubain, héros national. *Guantanamera*, c'est lui.

jolis. Le patron nous a rattrapés au niveau de la porte et Hollie a fait un monstre esclandre en traitant les Cubains de voleurs et prenant à partie la serveuse accusatrice.

— Tu es une sale menteuse, hurlait-il sur la bougresse qui faisait son travail.

Le lendemain, après avoir bu nos neuf cafés matinaux, on s'est vautrés sur une plage pour Cubains, vu que les plages pour touristes sont interdites aux Cubains. C'était moche et pollué avec des épaves de bateaux rouillés échouées là où elles pouvaient. Mais il y avait de la musique. À l'arrière d'un camion du XIXe siècle, deux gros baffles envoyaient un ragga monumental qui devait s'entendre jusqu'en Jamaïque. Les gens dansaient en faisant des pâtés de sable. Ça faisait du bien de baigner dans cette musique sexuelle; la salsa officielle commençait un peu à me brouter.

Un mec est arrivé de l'autre côté de la plage. Il passait devant tout le monde, touchait chaque personne du bout des doigts et continuait. Un vieux rasta, torse nu avec un jean déchiré. Il s'est approché de nous. Nous a touchés. De près, il ressemblait un peu à Peter Tosh. Il nous a bien regardés dans les yeux avant de dire :

— Tout peut s'écrouler à n'importe quel moment.

Puis il est reparti toucher les gens. Hollie voulait lui demander où trouver de la défonce et j'ai eu tout le mal du monde à le retenir. Il était à cran.

En attendant le bus pour rentrer en ville, il a encore insulté une vieille qu'il prenait pour une mendiante alors qu'elle lui demandait l'heure. Le soir, on s'est posés pour dîner dans un de ces restaurants d'État où un personnel pléthorique met un temps fou à apporter de la bouffe dégueulasse pour un prix insignifiant. On n'avait rien à se reprocher, on avait payé nos omelettes et notre quignon de pain. Mais la petite serveuse a essayé de nous faire payer deux fois. Elle tentait sa chance. Nous n'étions pas disposés à nous laisser faire, même si le montant du contentieux s'élevait au prix d'un timbre. Le ton est vite monté. L'intervention du directeur du restaurant n'a pas du tout arrangé les choses. Au bout de cinq minutes, nous étions au centre d'un attroupement d'une trentaine de personnes attirées par le bordel. Une femme s'est mise à crier :

— C'est des voleurs. Je les reconnais. Ils ont volé des verres hier.

Ça commençait à sentir pas bon. Hollie était colère et injustice. La police descendait la rue vers le problème. On a pas eu besoin de se concerter pour se barrer en courant. Le coup du neveu du ministre n'allait pas marcher éternellement. On a récupéré nos affaires et on est partis à pied sur la route en tendant le pouce. Un moustachu râblé au volant d'une Lada bleue s'est arrêté et nous a proposé un tarif raisonnable pour traverser l'île.

On a croisé six milliards de plans de canne à sucre, trois complexes industriels immondes, quelques tracteurs, un slogan révolutionnaire tous les deux kilomètres et zéro publicité.

Je commençais à ressentir une certaine routine à voir défiler toutes ces routes. J'avais accéléré ma course parce que le paysage en venait à me lasser. J'étais de plus en plus inconstant, j'alternais euphorie et morosité en un clin d'œil. La limpidité des enchaînements et des causalités pouvait soudain laisser place à la plus grande confusion. Hollie s'angoissait tout seul sur le siège arrière. Il allait pas terrible.

— Tu vas faire quoi une fois que tu auras atteint Anchorage, Hollie ?

Il avait éternué puis détourné la conversation sur la planification économique socialiste. Il n'envisageait plus son retour au monde. Il était foutu. Il resterait ici. Une âme en peine.

J'étais triste pour lui mais j'avais surtout sommeil. L'interminable répétition du motif de la canne à sucre commençait à troubler mes perceptions. J'avais la désagréable sensation de faire du surplace. Il me fallait plus d'action.

C'est à moins de quinze kilomètres de la Havane que j'ai enfin entendu les premiers B52.

Je savais bien qu'ils arriveraient un jour ou l'autre alors je m'étais préparé. Ils étaient en simple reconnaissance, mais c'était pour bientôt, les missiles. Je suis allé me promener en ville à la recherche de l'image fatale pour mon documentaire intitulé *Ma vie à Cuba en attendant le déluge*, mais il n'y avait rien à en tirer. Ces Cubains suivaient leur train-train. Ils avaient raison d'ailleurs. Une fois qu'on a fait des provisions, il faut continuer à vivre normalement pour éviter de penser au fait qu'on va se prendre des tonnes de bombes sur la courge dans un avenir proche. La proximité de l'apocalypse m'excitait solennellement. J'avais trouvé ma voie : je serai bouclier humain. Moi aussi j'étais prêt à me sacrifier pour une cause. Moi aussi j'étais dans le camp des opprimés.

Je disais : on n'empêchera pas la machine de guerre, on le sait tous. Mais l'idée est couillue et généreuse. Elle doit être diffusée. Je disais : je sais, l'enfer est pavé de bonnes intentions. Mourir pour des idées, c'est à double tranchant. Du bon et du moins bon. Jan Palach et Mohamed Attah. Mais je ne voyais pas ce que je pouvais faire de mal. Je voulais faire quelque chose que j'estimais juste. C'était ça la nouveauté. Servir à quelque chose. Je disais : personnellement, je ne veux pas mourir. Non. Mais je préfère mourir là en me battant contre la loi du plus fort, que mourir d'ennui, seul, ou étranglé par la colère et l'impuissance. Je disais encore : je suis le fils d'André Malraux et de Hunter Thompson, un témoin engagé de mon époque, free-lance avec des burnes en béton.

J'avais mon discours officiel, quoi. Je me régalais en tirant des plans sur la comète. Si ça se goupillait bien, je pouvais devenir une sorte de héros. J'aurai accès à mon quart d'heure de célébrité. Le monde reconnaîtra mon courage, me situera dans le camp des justes et je pourrai sûrement baiser quelques starlettes rencontrées sur des plateaux de talk-show.

Ça devait arriver, j'avais craqué. J'étais maintenant bien obligé d'admettre mon cynisme et ça me faisait un bien fou. J'en avais rien à secouer des enfants cubains et des boucliers humains. Je le faisais pour ma gueule tout ça. Je me sentais libéré. Non seulement je n'avais plus peur mais je m'étais débarrassé de ma peau de poète, qui ne me rapporterait jamais que des emmerdes. Je pouvais enfin conduire ma vie en termes de realpolitik. Je pouvais me regarder dans la glace et dire : je suis hypocrite, narcissique et égoïste. Et alors ? Quelque part, c'est une forme d'humilité. Finalement, j'étais comme les autres, pas différent. Un jeune Occidental blanc du troisième millénaire, souffrant des mêmes pathologies. Un malade du Moi.

Je me sentais sale mais beaucoup plus léger. Je préférais ça. Ma posture antérieure n'était plus tenable. J'assume ma mégalomanie et oui, je les emmerde tous, je le hurle intérieurement en lettres capitales en gardant un sourire angélique. Maintenant faut que ça cartonne. Envoyez les jambes, putain, faites gicler des tripes.

C'est curieux cette urgence de l'action. J'étais dans le camp pacifiste et j'en pouvais plus de la voir arriver cette guerre. Oh, j'étais pas le seul. On était des milliers d'Occidentaux à la Havane à être venus exprès pour voir l'enfer, juste pour dire qu'on a vu l'enfer. Une équipe de France 2 filmait des papys kalachnikovs à la main, prêts à défendre leur Lider Maximo jusqu'au bout, ils disaient. Mais c'était désespérément trop calme. L'Histoire se faisait attendre. Et moi, j'avais pas que ça à foutre.

La chaleur me faisait tourner la tête au milieu de ces rues en poussière. J'étais plongé dans un magma d'embrouilles, dans un état ternaire. C'est encore une autre lumière ici. J'ai basculé sur un flash qui m'avait chatouillé dans le désert quand j'imaginais que Dieu n'avait jamais fait l'amour. S'il est vierge, comment a-t-il créé ? J'avais toujours un peu douté de la réalité (ça me paraissait trop évident) mais là, je tenais une piste. Qui a prouvé que nous n'étions pas dans l'illusion ? « *Cogito ergo sum* » est un postulat. Ça peut être faux. On a très bien pu se croûter depuis Descartes. Avant le rationalisme, étaient-ils si sûrs d'eux-mêmes, les hommes ? Je dis : « Il est temps de faire revenir une hypothèse intellectuelle qu'on crédibilisera par la fiction : nous n'existons pas. » La confusion soulevée par cette formule ne s'assume pas et moi, je suis en train de fondre. De me prendre au sérieux. Foutu.

Mais je continue mon délire, tiraillé par trop de forces contradictoires. Aspiré par les vertiges théoriques de la linguistique. Replongé dans la querelle des iconodules et des iconoclastes dans la Byzance du VIIIe siècle. Agenouillé au chevet de la raison, diagnostiquant ses pathologies :

— Vous avez chopé le cancer de l'abstraction au début du XXe siècle. C'est MM. Malevitch et Kandinsky qui vous l'ont refilé. Les surréalistes n'ont pas arrangé vos affaires. Les totalitarismes ont miné votre morale. C'est pas quelques décennies de chimio démocratique qui vont vous sauver. Car, comme dit Kool Shen, tout n'est pas si facile. Vous savez très bien que vous êtes en phase terminale. Condamnée. Alors ne faites pas l'enfant.

Puis je ricane en lui enfonçant mon stéthoscope dans le cul avant d'aller écrire mon rapport d'autopsie pour le ministre de la Pensée :

« Monsieur, aujourd'hui, avec la dégénérescence de la société du spectacle et son corollaire, la dilution de la réalité, la boucle se boucle dans un monde post-Matrix. On ne vit pas notre image, nous sommes des images. Alors on peut bien s'amuser à imaginer la mort de l'humanité. Elle n'est jamais née.

Vous serez soulagé d'apprendre que vous n'existez pas. Le fardeau de la vie sera sûrement moins pesant en se convainquant qu'il est virtuel. »

Quelqu'un a klaxonné. J'ai réalisé que j'élucubrai à voix haute « ce qu'on ne nomme pas n'a pas d'existence » et que je me filmai pour me prouver que je n'étais pas là, tout en me masturbant sur une photo de Jean Baudrillard. Un chauffeur de taxi ayant perdu un œil à la Baie des cochons a grillé une priorité. La Buick de 1954 arrivant à sa droite a fait un écart qui l'a conduit à s'encastrer dans un mur orné d'un joli portait de Che Guevara. Ça se passe en moins d'une seconde du crissement de pneu jusqu'à l'impact. Mais on a le temps de penser à un milliard de choses. La première, c'est de constater qu'on est sur la trajectoire et qu'on va mourir. Après ça défile comme prévu avec Thom Yorke qui susurre en fond sonore « *I'm not here, this is not happening.* » Des souvenirs anodins, les compotes de ma mère, le soleil qui caresse à ma place la joue de la plus belle fille du monde, quelques lettres d'amour en si bémol que je n'ai jamais envoyées. Des insignifiances. La dernière chose, c'est que conneries mises à part, j'étais bien content d'exister. Boum.

« Il en faut peu pour être heureux
Vraiment très peu pour être heureux
Il faut se satisfaire du nécessaire. »

Baloo

La radicalisation de mes rêves me laisse un peu perplexe. Mais elle produit des vagues de sérénité de plus en plus intenses. J'ouvre maintenant les yeux, il n'y a presque personne dans ce Fokker.

L'hôtesse est un ange et ses yeux sont verts. Le siège est confortable. Le hublot me propose le bout d'une île qui disparaît dans l'océan. Il faudra construire des avions transparents pour cette vision de la carte à l'échelle 1.

Je suis dans les nuages et c'est le plus beau spectacle du monde. Les cirrus valsent sous le regard amusé des altocumulus. C'est le matin. Le soleil est rasant. Je suis à la limite de la troposphère, exalté comme le peintre qui voit sous ses doigts naître les couleurs du jour et qui n'en revient pas. Mon cerveau batifole dans le coton. Je flotte dans le *Canon* de Pachelbel, je suis l'archet, le violoniste, je suis la mère de toutes les notes qui résonnent dans le liquide amniotique de l'humanité.

Ce n'est plus un spectacle. Je suis monté sur scène. J'ai envie de pleurer parce que la vie est belle. J'ai trouvé ma place dans le cosmos. C'est une calme extase, pour un instant seulement. Du bonheur en perfusion. L'état de Bouddha. L'amour.

Relâchement du contrôle intellectuel.

Flux neuronal.

Automatismes.

Début du compte à rebours
Une ligne de trop dans un roman d'amour
Classification périodique des éléments
C'est l'automne à Belmopan
Ma bonne Charlotte remue la queue
L'Évangile selon saint Mathieu
Une braguette qui descend
Quelque part en Occident
Un peu d'espoir au fond de ton cul
Le jour se lève, comme prévu

C'est confus, stupide, mais ça existe. Comme d'habitude, il y a un agencement mystérieux qui fait que les lames de l'océan ont cédé la place au sel de la terre. Me revoilà maintenant au-dessus du Mexique.

Des surfeurs descendent les pentes du Popocatépetl alors que le Dow Jones remonte à quelques milliers de kilomètres de là, sur une autre planète. Nous survolons des ocres et des acides, des routes et des plateaux, des failles énormes jusqu'à la plus grande ville du monde, j'ai nommé cette putain de Mexico. Nous atterrissons sur le monstre en frôlant littéralement les toits.

Je me jette dans le métro jusqu'à l'arrêt Zocalo. Yeux écarquillés sur la place centrale. La jeunesse étudiante est là à glander, le drapeau flotte toujours sur la ville. Je vais à la pharmacie acheter des Alitas, ces irrésistibles petites cigarettes sucrées vendues par paquets de quinze. Je m'allonge sur mon sac, au cœur de la panique, la guitare entre les jambes. Un sourire béat est collé à mes lèvres depuis La Havane. La vie est simple.

Il faut quand même penser à gérer la descente. Je sais bien que ça n'est pas possible de sourire jusqu'à ce que mort s'ensuive. Je pose mon barda à l'auberge toute proche, juste derrière la cathédrale Metropolitana. J'en profite pour consulter mon courrier électronique au risque de checker mes mails. Histoire de vérifier que la vie continue chez les gens, d'apprendre qu'une telle a fait un emprunt sur trente ans et untel une dépression. Ouvrir boîte de réception.

Tiens, Maïa est enceinte. Elle ne sait pas de qui. Elle est heureuse.

Tiens, Sébas m'a écrit :

From : sebastianmontoya@hotmail.com
To : picaro@yahoo.com
Objet : aucun

Cher Valentin [1],

Je suis désolé d'avoir à t'écrire dans de telles circonstances, mais il faut que je t'annonce une nouvelle atroce. Kate est morte la semaine dernière. Elle se plaignait de violents maux de tête. Nous sommes allés à l'hôpital à Madrid. Elle est morte quarante-huit heures après son admission d'une méningite foudroyante.

Ces derniers jours ont été complètement surréalistes. J'ai dû m'occuper des sinistres formalités. Elle a été incinérée ici à Madrid, puis ses cendres ont été rapatriées aux États-Unis, dans sa ville natale de Fargo.

Ce n'est que maintenant que je réalise ce qui s'est passé et que je comprends qu'il faudra

1. C'est mon prénom.

désormais apprendre à vivre sans elle. Je n'ai pas de mots pour décrire la douleur qui m'écrase.

Encore désolé d'avoir à t'apprendre ça.

Que Dieu te protège.

Sébas.

J'ai éteint l'ordinateur en appuyant directement sur le bouton off et j'ai fumé quatre cigarettes. Je me suis allongé dans ma chambre. Le sommeil m'a immédiatement terrassé.

Sébas pénétrait dans cette immense cathédrale complètement vide et marchait d'un pas hésitant vers la nef en traînant un sac énorme qui produisait un bruit sinistre. Il s'agenouillait devant un des autels, le regard dans les vitraux. Il reconnaissait le visage de Kate dans une dorure surchargée. Puis se tournant vers la croix, à voix basse, les dents serrées, il prononça ce simple mot :

— Enculé.

« And in the end the love you take is equal
to the love you make »
Lennon/Mc Cartney

Je suis rentré. J'en avais vu assez et j'avais mal aux jambes. Il fallait rentrer, j'étais *fatigué de l'action et de la nouveauté, fatigué de tourner en rond autour du destin. Voilà.*

Pendant des mois j'ai erré sans contrainte, porté par le vent et l'équilibre du mouvement. J'ai grimpé sur des volcans, descendu des fleuves, franchi des détroits, marché dans le désert, je me suis perdu dans l'océan et noyé dans les villes, les plus grandes de la terre, les plus folles, les plus belles, les plus honteusement pauvres, les plus indécemment opulentes. J'ai squatté des bouts de village oubliés du monde, j'ai voyagé en train, en avion, en bateaux de toutes tailles, à vélo, en bus, en skate, en tramway vintage, en bétaillère, à dos d'âne, en voiture, en camion, et j'ai beaucoup marché. J'ai couru et j'ai trottiné. J'ai donné à mon corps tout ce qui lui passait par la tête. J'ai mangé à ma faim, bu jusqu'à plus soif. J'ai dormi dans des caravanes et sous les étoiles, dans des hamacs et sur du gravier, dans les meilleurs lits du monde et avec des rats; j'ai peut-être même dormi en permanence.

J'ai croisé cent sept mille personnes avec lesquelles j'ai communiqué l'espace d'un sourire, d'un kilomètre ou d'une nuit d'amour. Je me souviens de ces cent sept mille personnes et de leur rapport à l'existence. J'ai rencontré des mystiques écorchés, des drogués prosélytes, des paranoïaques consentants, des entrepreneurs enrhumés, des abrutis irrécupérables, des nymphomanes transgéniques, des pianistes hypocondriaques, tout un tas de cinglés persuadés que la solution était entre leurs mains. On est toujours le fou de quelqu'un. En cours de route, j'avais pris le parti de penser que la terre était peuplée de tarés.

J'ai ridé entre les tribus et j'ai changé de peau à chaque fois. J'ai suivi des illuminés dans leur ascension, des damnés dans leur enfer. J'ai fréquenté trente-deux ethnies, parlé autant de langues, j'ai joué ma musique et dansé sous toutes les latitudes. J'ai sympathisé avec un cochon dans un village du Chiapas une nuit de pleine lune. J'ai fumé une cigarette par personne rencontrée et j'ai eu des relations sexuelles avec 6,24 % de la population féminine américaine en âge de féconder. Dans ma course égoïste j'ai pris soin de ne jamais blesser les autres et je ne sais pas si j'ai réussi.

Je tiens aussi à signaler que j'ai croisé et décroisé plus de huit personnes qui présentaient tous les signes évidents d'un bonheur simple et rayonnant sans tricher. Des gens qui savent vivre plutôt que se regarder vivre. Je n'ai toujours pas cette intelligence.

J'ai béni la beauté et le courage des femmes et des hommes, enragé de leur fierté, leur faiblesse, leur incroyable capacité de destruction et leur putain de mesquinerie.

J'ai connu des explosions de conscience, des mirobolances psychotropiques, des jubilations intellectuelles stériles, des bonheurs absolus et éphémères. J'ai laissé sa chance à aujourd'hui pour oublier demain.

J'ai eu mal au dos à force de porter des espoirs imbéciles et j'ai donné une importance déraisonnable à mes rêves. J'ai absorbé des puissances inconcevables et j'ai pleuré sans raison.

J'ai été gonflé d'amour et j'ai niqué ta mère.

Je suis allé jusqu'au bout de moi-même pour constater que ça ne menait pas bien loin.

Je suis passé par tous les états et je suis maintenant tout gazeux.

Il s'est passé beaucoup de choses depuis la mort de Charlotte, mon bon petit chien. Mais au bout du compte, je suis revenu à mon point de départ.

Je suis rentré, mais je ne suis pas chez moi. Chez moi n'existe plus. Quel que soit le nombre de kilomètres parcourus, je serai toujours à l'ouest. Car ma maison c'est ma culture et ma culture c'est l'Occident.

Si je me fie à la moyenne d'espérance de vie, il me reste cinquante ans à vivre, au bas mot. Sans compter que quand j'aurai 75 ans, l'espérance de vie aura peut-être énormément augmenté, sauf épidémie majeure, holocauste nucléaire ou invasion extra-terrestre agressive. Bref, je ne peux pas me laisser aller en pariant sur la fin de l'humanité à court terme.

Il faut encore chercher des trucs à faire pour survivre. Les hypothèses ne manquent pas. Procédons par élimination. Je prends une feuille A3 pour clarifier mes idées et faire une liste intitulée :

« Choses que je peux faire maintenant que je suis un homme. »

1. Légume cathodique.
Déjà essayé, pas marché.

2. Vagabond.
Revient à se poser la question en permanence.

3. Artiste.

Manque de générosité, marché trop concurrentiel. Écrivain ? Étaler mon intimité dans des mises en abyme à deux balles ne m'intéresse que moyennement.

4. Autodestruction dans la joie.

Ça ne mène à rien bien sûr. Puis c'est pas ma tournure. L'alcool me fatigue, les junkies m'emmerdent. Le rock'n'roll est une histoire qu'on raconte pour endormir les adolescents. La joie s'estompe vite, il ne reste que la douleur et l'éloignement progressif. Hollie ne m'écrit plus depuis Cuba. Il ne m'écrira plus.

5. Monter une agence immobilière.

C'est bon, je déconn.

6. Retraite méditative à Bora Bora.

C'est tentant. À la question « Quel est votre idéal du bonheur ? », beaucoup de gens répondent : « Vivre sur une île déserte. » Ils le pensent mais ils n'en voudraient pas de cette vie. S'emmerderaient. Animal social, on est. On se passe pas des autres comme ça, même quand on peut plus les blairer.

7. Suicide.

Gary, Debord, Dewaere, Mike Brant, Nerval et de Staël : j'ai pas le niveau. En ce qui me concerne, c'est non. J'aime la vie comme si elle était belle. Je ne suis ni assez courageux, ni suffisamment lâche pour en finir. Le suicide n'est plus le seul problème philosophique vraiment sérieux. C'est juste bon pour la postérité et la postérité, c'est bidon. C'est les autres qui se branlent sur ton cadavre. On meurt de toute façon. Se suicider revient à garder le choix dans la date. Une sensation agréable, comme le savent les amateurs de contrepèteries.

Je vois la dernière hypothèse avancer à grand pas. J'ai beau essayer de retarder l'échéance, on en est là :

8. Une seule femme, plusieurs enfants, métro-boulot-télé-missionnaire.

C'est la solution de facilité. La norme et le confort. Tes rêves chez Conforama. Il faut pas non plus croire que c'est simple. Les gens dits normaux sont des héros, ils font des enfants.

Choisir de pondre me semble aujourd'hui une question autrement plus philosophique que rester en vie ou pas. Se prolonger et assurer la reproduction de l'espèce, c'est une responsabilité. On n'est pas seul en cause. On donne la vie à quelqu'un qui n'a rien demandé. Ça demande beaucoup de courage. Il faut se battre pour trouver un partenaire reproducteur en bonne santé, puis démissionner de son individualisme avant de se faire du souci pendant vingt ans à cause de tous les dealers pédophiles qui guettent à la sortie de l'école.

C'est bien flippant, quoi. La plus grosse peur, c'est

celle d'affronter le regard de nos gamins quand ils prendront conscience du monde qu'on leur a laissé. Donc, pour faire des enfants, il faut être optimiste.
Je le suis, un jour sur trois.

J'ai dans la main une feuille avec huit numéros censés me permettre de choisir un avenir. N'importe quoi. Comme si on pouvait mettre sa vie sur du papier.
La vie, finalement, c'est que du ski nautique. On est tracté par une force qui nous dépasse dans un objectif un peu flou. Tout va bien tant qu'on glisse, on a des sensations et quelques écueils à éviter. On file. On progresse même. Quand le bateau s'arrête, on reste planté une demi-seconde à la surface de l'eau. Puis on s'enfonce irrémédiablement, ridicule, sans rien pouvoir faire.
À la fin du film, Charlot s'en va toujours, dos à la caméra et canne à la main avec sa démarche à la con vers le soleil qui se couche ; et c'est pas drôle. Mouvement perpétuel de l'insatisfaction, à peine altérée par la beauté du monde. Le reste n'est que littérature.
Je suis traversé par une amère confusion de sens, des pistes brouillées qui me laissent les yeux dans le vide avec une cigarette qui brûle le bout des doigts. Une inertie molle et improductive, sans objet. Débranché, plus tout à fait sur terre. Ça part du ventre et ça immobilise la tête. Ce n'est pas douloureux et c'est d'autant plus difficile d'en

réchapper. Ça frappe sans prévenir sur des moments qui ne le méritent pas, dans la douceur vénéneuse d'une soirée d'été. Ça s'appelle la mélancolie et c'est l'évacuation de l'absurde.

Je la vaincrai pas la mélancolie. Ça fait des siècles que des gens moins cons que moi la découpent en chapitres sans en venir à bout.

Il faut accepter. Que tout puisse s'écrouler, que ça n'ait aucun sens. Se fabriquer des raison de continuer. Se dire que le bonheur n'existe pas, pour essayer d'être heureux. Profiter de cette vie quand elle est là, s'ouvrir des horizons en vrac.

Je ne sais pas ce qui va arriver. C'est d'ailleurs ce qui me maintient à la surface. Je ferai peut-être des enfants en cours de route. Ils se débrouilleront.

Je saisis ma feuille de papier.

Je relis une dernière fois tout ce que j'ai écrit dessus.

Je rabats soigneusement ses angles supérieurs vers le milieu.

Je la plie en deux.

Je recommence l'opération.

En moins d'une minute, j'ai un avion sous la main.

Alors je repars.

Merci

À Corinne Bruno, avant tout, pour l'impulsion et la force
À Christophe Culoma pour l'aventure
À Super-Marion et Cool-Mandy pour la permission
À Richard Gaitet pour l'énergie et à Gaspard Royant pour le consulting
À Julie Bosmorin, pour tout
À Mathis pour l'avenir

Déjà parus
AU DIABLE VAUVERT

Catalogue disponible sur demande à
contact@audiable.com

JUAN MIGUEL AGUILERA, *La Folie de Dieu,* roman, Prix Imaginales 2002, Prix Bob Morane étranger 2002
Rihla, roman
Mondes et démons, roman
AYERDHAL, *Chroniques d'un rêve enclavé,* roman
Le Chant du Drille, roman
Transparences, roman, Prix du polar Michel Lebrun 2004, Grand Prix de l'Imaginaire 2005
PIERRE BORDAGE, *L'Évangile du Serpent,* roman, Prix Bob Morane 2002
L'Ange de l'Abîme, roman
Les Chemins de Damas, roman
POPPY Z. BRITE, *Self made man,* nouvelles
Plastic Jesus, roman
Coupable, essai
Petite cuisine du Diable, nouvelles
OCTAVIA E. BUTLER, *La Parabole du semeur,* roman
La Parabole des talents, roman
SIMON CASAS, *Taches d'encre et de sang,* récit
DOUGLAS COUPLAND, *Toutes les familles sont psychotiques,* roman
Girlfriend dans le coma, roman
TONI DAVIDSON, *Cicatrices,* roman
Intoxication, anthologie
YOUSSOUF AMINE ELALAMY, *Les Clandestins,* roman, Prix Atlas 2001

JAMES FLINT, *Habitus,* roman
Douce Apocalypse, nouvelles
CHRISTOPHER FOWLER, *Démons intimes,* roman
NEIL GAIMAN, *Miroirs et fumée,* nouvelles
American Gods, roman, Prix Hugo 2002, Bram Stoker Award 2002, Locus Award 2002, Prix Nebula 2003, Prix Bob Morane 2003
NEIL GAIMAN et TERRY PRACHETT, *De bons présages,* roman
WILLIAM GIBSON, *Tomorrow's parties,* roman
STÉPHANE GUIGNON, *&,* roman
THOMAS GUNZIG, *Mort d'un parfait bilingue,* roman, Prix Victor Rossel 2001, Prix Club Med 2001
Le Plus Petit Zoo du monde, nouvelles, Prix des Éditeurs 2003
Kuru, roman
NORA HAMDI, *Des poupées et des anges,* roman, prix Yves Navarre 2005
Plaqué or, roman
NORA HAMDI et VIRGINIE DESPENTES, *Trois Étoiles,* BD
ANDRÉS IBÁÑEZ, *Le Monde selon Varick,* roman
AÏSSA LACHEB-BOUKACHACHE, *Plaidoyer pour les justes,* roman
L'Éclatement, roman
LOUIS LANHER, *Microclimat,* roman
Un pur roman, roman
PHILIP LE ROY, *Le Dernier Testament,* roman
MARK LYNAS, *Marée montante,* document
YOUCEF M.D., *Je rêve d'une autre vie,* roman
Le Ghost writer, roman
CÉCILE MOULARD, *Mail connexion,* document
JAMES MORROW, *En remorquant Jéhovah,* roman
Le Jugement de Jéhovah, roman
La Grande Faucheuse, roman
Le Dernier Chasseur de sorcières, roman
DEE DEE RAMONE, *Mort aux Ramones!* autobiographie

VINCENT RAVALEC, *Une orange roulant sur le sol d'un parking...*, poème

VINCENT RAVALEC, MALLENDI et AGNÈS PAICHELER, *Bois Sacré, initiation à l'iboga*, document

NICOLAS REY, *Treize minutes*, roman
Mémoire courte, roman, Prix de Flore 2000
Un début prometteur, roman
Courir à trente ans, roman

CÉLINE ROBINET, *Vous avez le droit d'être de mauvaise humeur...*, nouvelles

RÉGIS DE SÁ MOREIRA, *Pas de temps à perdre*, roman, Prix Le Livre Élu 2002
Zéro tués, roman
Le Libraire, roman

ALEX SHAKAR, *Look sauvage*, roman

CHARLES SILVESTRE, *La Torture aux aveux*, pamphlet

MATT THORNE, *Images de toi*, roman

MATT THORNE et NICOLAS BLINCOE, *Les Nouveaux Puritains*, anthologie

CORALIE TRINH THI, *Betty Monde*, roman

MICHAEL TURNER, *Le Poème pornographe*, roman

TRISTAN-EDERN VAQUETTE, *Je gagne toujours à la fin*, roman, Prix Goya 2003

SERGE VELAY, *Embrouilles dans la scribouille*, pamphlet

DAVID FOSTER WALLACE, *Brefs entretiens avec des hommes hideux*, nouvelles
Un truc soi-disant super auquel on ne me reprendra pas, essai

ALEX WHEATLE, *Redemption Song*, roman

MARTIN WINCKLER, *Contraceptions mode d'emploi*, document
Les Miroirs obscurs, document

JOELLE WINTREBERT, *Pollen*, roman, Prix Rosny-Aîné 2003

Impression réalisée sur CAMERON par

BRODARD & TAUPIN

GROUPE CPI

La Flèche
en juin 2005

Imprimé en France
N° d'impression : 30488
Dépôt légal : juin 2005
ISBN : 2-84626-091-5